緇《し》井《い》鶏《けい》子《こ》が占う

あなたの未来2024

緇井鶏子

Keiko Shii

産業編集センター

はじめに　~本書について

初めまして、タロットカード占い師の緇井《しい》鶏子《けいこ》と申します。

まず、タロットカード78枚の構成を説明します。

絵札の22枚を大アルカナと呼び、運命が動くときに登場します。トランプのような四つの組（クラブ＝棒、ダイヤ＝金貨、スペード＝剣、ハート＝聖杯）のエースから10までの40枚と、小姓、騎士、女王、王の宮廷カードの16枚、計56枚を小アルカナと呼び、日常生活の出来事を表します。トランプに騎士のカードはありませんがタロットにはあります。私は14世紀に消滅したテンプル騎士団説を支持しています。

つぎに占い方についてです。78枚を使用し、カードを左右上下、真ん中に5枚並べます。位置の意味は、左は「プラス面」、右は「マイナス面」、上は「討論」、下は「解決」、中央は「総合」。

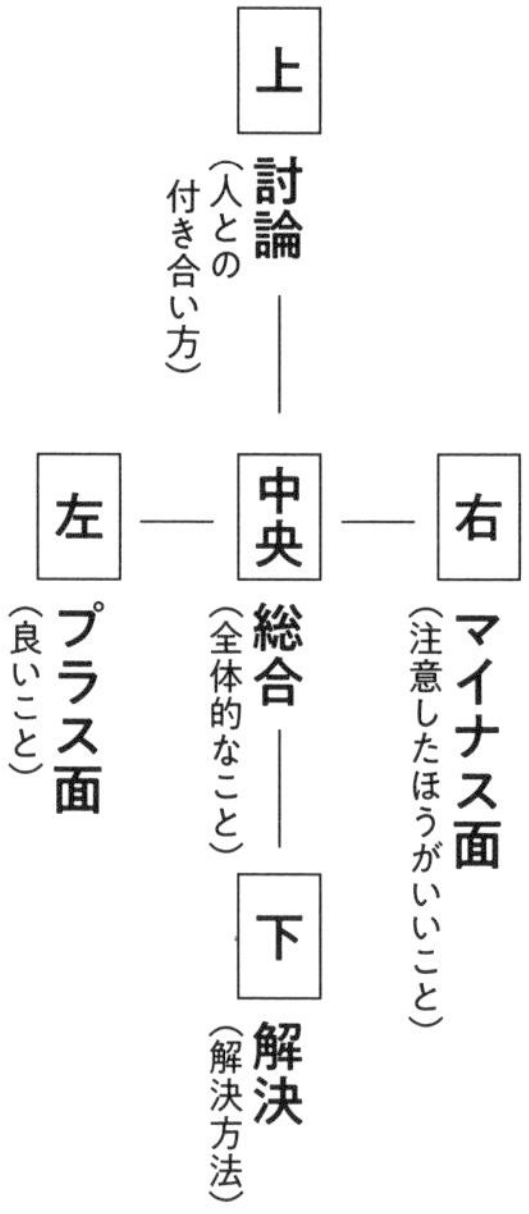

これは作家の澁澤龍彦の『黒魔術の手帖』で紹介されていた展開法です。

申し遅れましたが私は新潟県出身で高校生のとき、同書でタロットを知りました。現在は〝力〟と呼んでいるストレングスのカードを〝女力士〟と訳していて、何かあると感じたのですが、占いに興味はなかったのでタロットを欲しいとは思いませんでした。ただ、私はオカルト好きで、やぶの中で人魂を見たとか、河原でけんかがありポンプ小屋で遺体を見たなどという体験談を話す母をうらやましく思っていました。その後、大人になりライダー版のタロットカードを買いました。先の書に載っていたタロットはフランスのマルセイユ版でしたが、19世紀末の英国の秘密結社、黄金の夜明け団が使用したというライダー版に魅力を感じました。これはオカルト好きなら意味を知らないと恥ずかしいことなので覚えましたが、まだ占ってみようとは思いませんでした。そして1930年代に活躍したシュルレアリスムの作家、マックス・エルンストのコラージュ小説『カルメル修道会に入ろうとしたある少女の夢』を読んだとき（大学は哲学科で美学専攻でした）、コラージュの1枚が〝棒の5〟に見えました。大きく心が動き、ライダー版は絵を見る物ではなく占いの道具だから占いをしないと本質をつかめないと思い、タロットカード占い師を目指すことにしました。

カードの意味は暗記済みでしたが実践の雰囲気を知りたくて、東京・原宿でタロット教室を開いていたフランス人のもとに数回通いました。授業は英語でした。5、6人いた生徒は何を占ってほしいか聞かれると、宝くじが当たるか知りたいという人が多く、即物的で私はここに通ってもエルンストからさらに広がるような展開は望めないと思い、通うのをやめました。後は独学で日常の出来事をタロットで表現する〝自主トレ〟を続けました。電車が遅れたら〝戦車〟と〝逆位置の運命の輪〟とか、選択が裏目に出たら〝金貨の2〟と〝逆位置の棒のエース〟とか。毎晩明日を占い、1日の終わりにカードを見て、その日の出来事を反芻し成否を検証しました。カードに出ているのに自分が読み取れなかった場合が問題で、なぜ読み取れなかったのかに気付いたときに喜びを感じました。

当初、タロットは当たるなあと思いました。偶然、知人に出くわすような場面があると、よく宮廷カードが出ていました。

そしてあるとき会社の上司経由で占い連載の話があり、担当を引き受けました。苦情が来て駄目なら上司がまた他の占い師を探せばいいだろうという気持ちでした。10年以上前のことです。

私の占いを見た方が運命をコントロールし、随喜の涙を流す姿を想像しながら2024年を占いました。どうぞよろしくお願いいたします。

〈凡例〉

本書は生まれ月ごとに次の項目で構成しています。

２０２４年の運勢
２０２４年 楽しみにすると良いこと
２０２４年 注意するべきこと
２０２４年 心がけると良いこと
２０２４年 春の運勢
２０２４年 夏の運勢
２０２４年 秋の運勢
２０２４年 冬の運勢

目次

1月
生まれの
運勢

自分の気持ち次第だと感じる場面が多いかも

「プラス面」に逆位置の聖杯の5、孤独の時期は終わります。立ち上がろうとします。「マイナス面」に逆位置の聖杯の女王、ひねくれた面が出そうなので、素直な自分をイメージすると悪化を防ぐことができます。「討論」に逆位置の聖杯のエース、話し合いの場面では本心を隠して言いません。それは孤独を脱して立ち上がることに起因し、また、ひねくれた思いに原因があるともいえます。いずれにしても心に強い思いが生じ、それが次に向かう原動力となります。この時点で3枚めくって3枚とも聖杯ですから、完全に精神が勝っています。体より心が優位です。

「解決」に逆位置の棒の10、プレッシャーを処理することができます。ということは、孤独だったり、ひねくれたり、本心を隠したりする訳は自分が背負っていることに対する抵抗なのかもしれません。そのプレッシャーを処理できるのですから、大役を任されて無事に役目を果たす姿が想像されます。

そして「総合」に逆位置の金貨の女王のカードが出ました。疑いを持っています。何かを疑ったまま過ごすことになりそうですが、5枚めくって運命が動くような大アルカナは1枚も出ませんでした。あまり影響のない疑いなので気にする必要はないかも。争いを意味する剣も1枚もありません。対立や衝突はないはずです。自分の気持ち次第だと感じる場面が多いでしょう。女王が2枚なので支配的な立場の女性との関係が生じそうです。逆位置の聖杯の女王は「マイナス面」なので感情的な女性に注意。関わっても意外な展開はないでしょう。逆位置の金貨の女王は「総合」なので金銭関係で力を持っています。ごまを擦って、サービス精神を発揮することをお勧めします。

楽しみは目の前に結構多くある雰囲気

「プラス面」は正位置の剣の7、気まぐれです。気まぐれでやったことが意外な結果をもたらします。我慢する必要はないので興味があることに手を出しましょう。人と競争することに喜びを感じるのでスポーツを始めるかも。「マイナス面」は正位置の棒の小姓、良い知らせがもたらされます。それに飛び付くと楽しみにしていることに悪い影響を与えるかも。知らせによって面倒が引き起こされても、プラス面が気まぐれなので気分次第で負担にはならないでしょう。大げさに受け止めずに。「討論」は正位置の聖杯の7、本当に必要なものがまだ分からないので優柔不断になります。幻想を見ている状態です。楽しみは目の前に結構多くあるようです。人生の柱が何本もあるのかも。一つに決めずに、自分のいろいろな面を伸ばすことができそうです。「解決」は逆位置の審判、大アルカナです。まだ脱出できません。他人の支配を甘んじて受けます。力を持った人が現れ、あなたに自発的な行動を促しますが、あなたの気持ちはまだ決まっていません。うわさが広がるだけで、具体的な計画はまだです。「総合」は逆位置の剣の王のカードが出ました。あなたの楽しみに対して待ったをかける人がいます。人の目を盗んで、こっそり楽しむ方向に進むようです。5枚めくったうち、金貨のカードは1枚も出ませんでした。費用の心配はなく、予算を超えることはないでしょう。運命が動く大アルカナは1枚でした。逆位置の審判なので、ブランクがあったり順調ではないかもしれませんが脚光を浴びる時が来ます。楽しみに待ちましょう。

注意するべきこと

先頭を切って動かず周囲の様子を見てから

「プラス面」は逆位置の剣の6、場の雰囲気が悪くなったら逃げることができます。逃げることがプラスになるので、ちょっと違うと思ったらためらわずに。留まらないようにしましょう。「マイナス面」は逆位置の剣の8、恐る恐る踏み出します。制限が解かれて動き出します。それがマイナスなので何かルールが変わっても先頭を切って動くのではなく、少し周囲の様子を見てからにした方がいいのかも。「討論」は逆位置の剣の9、悲しみが終わって、その後どうするかを話し合うような場面がありそうです。人任せにせず自分の意見を言うことを心がけましょう。「解決」は正位置の剣の小姓、スパイ行為によって難問を解決したり、演技力で危機を切り抜けたりします。なので自信過剰になると自分の策略に自らが陥り、自滅することになります。注意しましょう。「総合」は正位置の剣の騎士のカードが出ました。全体的に勢いがあります。強引なことをして、急速に業績を伸ばすといった流れが考えられます。となると、踏み台にした相手との関係が弱点になります。自分が上昇した分だけ、沈んだ人がいることを忘れない方がいいかも。軽い気持ちで自慢しただけでも、どこで恨みを買うか分かりません。ぎょっとしたのですが、めくった5枚のカードは全て剣です。日常生活は常に競争になりそうです。必ず自分の意見に反対する人がいると思った方がいいでしょう。調和を求めることは難しいでしょう。自分が前に進むために、目障りな人を倒していくことになりそうです。聖杯のカードは1枚もないので気持ちで負けることはありません。勝負で頭の中がいっぱいで感情を表さないのかも。誤解されていると感じる場面があっても気にせずに。——

楽しいことがありつながりを肯定的に捉える

「プラス面」は正位置の恋人、大アルカナです。楽しいことが見つかります。人とのつながりを肯定的に捉えることができます。人を引き付ける力が生じるので外部と積極的に交流したくなります。自分自身を肯定的に考えるとチャンスが増え、良い循環が生じます。「マイナス面」は正位置の剣の5、敗北です。犠牲になるかも。代償を払うつもりで気持ちを納得させるしかありません。相手には期待できないでしょう。「討論」は逆位置の世界、大アルカナです。完璧を目指したいのですが相手の意見を尊重しなければならず、自分が折れることになるかも。主張して受け入れられなくても優劣の問題ではありません。「解決」は逆位置のつるされた男、大アルカナです。方向が違うかもしれません。活動がエンドレスに感じられるような場合は方向を変えることをお勧めします。問題が生じた場合、自分が悪いと考えてしまうかもしれませんが視点を変えましょう。リラックスすることで打開できます。急に恥ずかしさが消えて大胆になるかも。「総合」は正位置の正義、大アルカナが出ました。信用できない人と行動することになっても判断力を失わず、自分を保つことができます。5枚めくって4枚が大アルカナでした。自分の力ではどうにもならない動きを感じるかもしれません。作戦なしだとやられっ放しになるので落とし穴に落ちないためのスキルを身に付けるようになるでしょう。自己管理能力が高く、周囲に隙を見せない人になるでしょう。

決めたことを実行できなくても焦らずに

3月は「プラス面」に正位置の棒の9、肉体を使って自分のテリトリーを守ります。「マイナス面」に正位置の聖杯の4、一休みするつもりが眠ってしまうかも。休まない方がいいかもしれません。「討論」に逆位置の金貨の5、費用を負担することになります。「解決」に正位置の棒の女王、何かを育てることで問題が解決します。「総合」に正位置の愚者のカードが出ました。大アルカナです。夢を見ている状態です。決めたことを実行できなくても問題ないでしょう。4月は「プラス面」に正位置の星、大アルカナです。才能を発揮して美しく輝きます。上昇が始まります。「マイナス面」に正位置の棒の7、騒動に対処することになるかも。有利なポジションを失わないように注意しましょう。「討論」に正位置の棒の騎士、新しい冒険が始まります。「解決」に正位置の聖杯の2、人とのコミュニケーションが楽しくなります。「総合」に逆位置の棒の2のカードが出ました。待たずに自分から行動しますが考えがまとまらないかも。5月は「プラス面」に正位置の隠者、大アルカナです。良い知恵を得ます。「マイナス面」に正位置の女司祭長、大アルカナです。知恵を授かります。自慢しないように注意。飾り立てずシンプルな美しさを追求します。「討論」に正位置の金貨の8、真面目に修行します。技術を身に付けて自分の価値を上げます。「解決」に逆位置の悪魔、大アルカナです。決心できないかもしれませんが危険な誘いに応じると問題が解決するかも。「総合」に正位置の戦車のカードが出ました。大アルカナです。対戦に勝って自信に満ちた表情に。5月は激動の月になりそうです。予定を5月に集中させると、予想以上の結果を得られる可能性があります。

行動を再開するため資金が必要になるもよう

6月は「プラス面」に逆位置の剣の4、行動を再開します。「マイナス面」に逆位置の金貨の小姓、浪費します。初期費用や活動費としてかなりの請求がくる可能性。「討論」に正位置の剣の9、悲しいことがあるかもしれません。「解決」に逆位置の棒の9、必要以上に警戒しています。「総合」に逆位置の金貨の10のカードが出ました。日常に変化が少なく退屈になるでしょう。警戒心が強いので日常に変化がないことは喜ぶべきことかもしれません。聖杯が1枚も出なかったので気持ちの乱れはなさそうです。悲しいことはすぐ忘れるでしょう。7月は「プラス面」に正位置の金貨の騎士、金銭問題の始まりか終わりです。「マイナス面」に正位置の金貨の2、変化に対応することができます。「討論」に逆位置の聖杯の騎士、気持ちが燃え上がり夢中になって追いかけます。恋愛に熱中します。「解決」に逆位置の金貨の3、意見が対立します。「総合」に正位置の金貨の4のカードが出ました。けちくさいと思われても気にしません。5枚めくって4枚が金貨です。残りの1枚は聖杯で恋愛関係。7月は金銭と恋愛で頭がいっぱいになりそうです。8月は「プラス面」に正位置の皇帝、大アルカナです。圧倒的な権力を持つでしょう。「マイナス面」に逆位置の金貨の6、偉そうな態度にならないように注意しましょう。「討論」に正位置の聖杯の9、満ち足りています。めでたいことがあって終始顔が緩みっ放しになります。「解決」に正位置の魔術師、大アルカナです。簡単に新しい物を作り出すことができます。「総合」に正位置の棒の3のカードが出ました。未来に期待することができます。8月は大アルカナが2枚出ました。大きな変化があるかもしれません。——

実力以上の力が出てしまい虚勢を張る危険性

9月は「プラス面」に正位置の太陽、大アルカナです。考えが実現します。「マイナス面」に逆位置の棒の8、勘違いに注意しましょう。「討論」に逆位置の剛毅、大アルカナです。力不足です。なぜか実力以上の力が出てしまい虚勢を張ってしまうかも。われを忘れないようにしましょう。「解決」に逆位置の節制、大アルカナです。自分を抑え込みます。「総合」に正位置の聖杯の小姓のカードが出ました。感情が激しくなります。大アルカナが3枚出ました。見えない力に動かされているような気がするかもしれません。10月は「プラス面」に正位置の棒のエース、現状に満足しません。新しいことに挑戦するでしょう。アイデアが湧きます。「マイナス面」に逆位置の棒の王、過ちに厳格になります。「討論」に正位置の女帝、大アルカナです。豊かな恵みがもたらされます。「解決」に逆位置の金貨の王、拒まれると危険な面が出ます。「総合」に正位置の聖杯の6のカードが出ました。素直な状態です。王が2枚と大アルカナの女帝が出ました。目上の人に取り囲まれていると考えることもできます。素直に従うと恩恵にあずかるかも。11月は「プラス面」に正位置の金貨の9、明るい未来が待っています。「マイナス面」に正位置の塔、大アルカナです。突然の出来事に驚くかもしれません。「討論」に逆位置の月、大アルカナです。不安が表情に出て薄気味悪い印象を与えます。「解決」に逆位置の聖杯の王、ずる賢い面が出ます。「総合」に逆位置の剣の女王のカードが出ました。信頼できません。裏切られる危険性があります。プラス面は金銭的に期待できそうですが駆け引きする必要が生じて人間関係の闇を見るような場面があるのかもしれません。

生まれ変わるような変化はまだ訪れないかも

12月は「プラス面」に逆位置の死神、大アルカナです。生まれ変わるような変化はまだ訪れません。「マイナス面」に逆位置の運命の輪、大アルカナです。後戻りします。「討論」に正位置の棒の4、安定しています。「解決」に正位置の聖杯の8、満足できず立ち去ります。「総合」に正位置の剣のエースのカードが出ました。勝利に向けて意気込んでいます。再出発したい気持ちがあり、タイミングをうかがっているように見えます。しかし逆位置の運命の輪なので何をやっても引き戻されるでしょう。安定を捨てて、やりたいことをやります。1月は「プラス面」に正位置の聖杯の10、平和な状態です。「マイナス面」に正位置の聖杯の3、グループで楽しむでしょう。悪いことに巻き込まれないように注意。「討論」に正位置の金貨のエース、経済面に新たな動きが生じます。「解決」に正位置の金貨の7、不満を感じています。「総合」に逆位置の剣の2のカードが出ました。バランスを崩さないように注意しましょう。仲間割れの危険性があります。2月は「プラス面」に逆位置の法王、大アルカナです。鍵が外れるかもしれません。禁じられていたことが許可されるかも。「マイナス面」に逆位置の棒の5、けんかをしそうです。「討論」に逆位置の剣の3、何かが心に突き刺さります。けんか別れするのは得策ではありません。「解決」に正位置の女司祭長、知恵を授かります。飾り立てずシンプルな美しさを追求するでしょう。「総合」に逆位置の聖杯のエースのカードが出ました。本心を隠して言いません。2月は金貨のカードが1枚も出ませんでした。金銭関係の動きは止まります。

2月
生まれの
運勢

対決は避けられないので必勝法を研究しよう

「プラス面」は逆位置の聖杯の3、グループで楽しむでしょう。単独よりもグループで行動するとプラスになります。集団の力で何かを動かすことができるかもしれません。「マイナス面」は逆位置の隠者、大アルカナです。耳をふさいで人の話を聞きません。強い思いや自分の考えがあって人の意見を聞かないようですが、それはマイナスです。柔軟性を意識しましょう。強引に押し通すと後悔します。自分だけの世界をつくっている場合は有利に展開することはなさそうなので追求しない方がいいかも。人との交流を肯定的に捉えると損をしません。「討論」は正位置の剣の小姓、器用でスパイ行為に成功します。身軽で判断が早くすぐに動きます。行動力で優位に立つことができます。情報伝達の分野で才能を発揮します。人と話し合う場面ではたくさん意見を言うことができるでしょう。「解決」は逆位置の剣の5、敗北です。競争に負けるかもしれません。現実を受け入れることで前に進むことができます。犠牲になることによって問題が解決するかも。相手の顔を立てれば、今後は遠慮する必要がなくなり結果的に好都合かもしれません。「総合」は正位置の棒の騎士のカードが出ました。新しい冒険の始まりです。思いがけない助っ人が現れるかもしれません。仮に負けたとしても悲観して引きずるような内容ではありません。総合的には本来の力を取り戻して次の計画をスタートさせます。5枚めくって金貨が1枚も出ませんでした。金銭に興味がないので、金銭が弱点にならない可能性があります。剣が2枚ですから対決は避けられないかも。これなら誰にも負けないという武器を手に入れると毎日が楽しくなるでしょう。

楽しみにすると良いこと

お楽しみは非常に刺激の強い恋愛関係かも

「プラス面」は逆位置の恋人、大アルカナです。気持ちを抑えた方がいいかも。積極的に行動しなくても楽しみが見つかります。「マイナス面」は逆位置の金貨の4、全く無駄遣いをしません。利益を守ることに一生懸命です。自分が損をしなければ楽しいと感じます。金銭にこまか過ぎてチャンスを失わないように注意してください。「討論」は逆位置の剣の騎士、問題に対処する準備ができます。トラブルを解決することに喜びを感じるのかもしれません。誰にも負けないと思っています。必勝法を研究して自分に有利に進めることができます。状況をシミュレーションしてどういう言い方をすればスムーズなのか常に考えるようです。「解決」は逆位置の悪魔、大アルカナです。まだ決心できないかもしれません。プラス面の逆位置の恋人が悪魔のカードには鎖につながれた状態で描かれています。自由を奪われるような制約を受けます。解決するために我慢を強いられるのかもしれません。楽しいことは我慢をした後にもたらされるのでしょう。「総合」は正位置の棒の王のカードが出ました。情熱があります。話を受け流さずに積極的に介入します。総合的に判断すると特徴的なのは大アルカナが2枚とも逆位置で恋人と悪魔というセットで出たことです。お楽しみは非常に刺激の強い恋愛関係でしょう。騎士と王も登場します。複数の関係が同時進行する可能性があります。邪魔が入っても悪魔的な魅力を発揮するのかも。金貨は逆位置なので金の切れ目が縁の切れ目になります。聖杯は1枚も出なかったので特に感情は乱れません。精神的苦痛とは無縁でしょう。

注意するべきこと

自分より強い相手にも立ち向かっていく

「プラス面」は正位置の剛毅、大アルカナです。勇気があります。自分より強い相手に立ち向かっていきます。相手を手なずけることができるかもしれません。最初の行動が次の何かを引き起こします。因果関係を意識して行動するのでいい加減なことはしません。「マイナス面」は逆位置の剣の10、全てが終わります。終わることがマイナスなので終わらせない方がいいのかも。終わらせたくないのなら食い下がって粘りましょう。何もせず終了するとマイナスです。「討論」は逆位置の聖杯の3、グループで楽しむでしょう。単独行動よりもグループが安心です。自分で判断せずに人に相談した方がいいでしょう。「解決」は逆位置の剣の8、恐る恐る踏み出します。勝手なことはできない状態から動き出します。突然思い切ったことをしても思ったほど効果はないので慎重に行動することをお勧めします。「総合」は正位置の棒の小姓のカードが出ました。良い知らせがあるかもしれません。大アルカナはプラス面に1枚だけでした。注意することはそんなにないので気にする必要はないかも。金貨は1枚も出ませんでした。金銭関係のトラブルはなさそうです。剣が2枚、8と10ということは競争は終わるので、もう無理をして頑張ることはないという意味です。リスク管理は人に話すことで意識することができます。総合の良い知らせは、最初は良い知らせでも結果的に違った、状況が変わり別の意味が生じたということが考えられます。良い知らせは軽く受け止めましょう。

バランスを保っていれば問題ないもよう

「プラス面」は正位置の剣の2、平和な状態です。危機が迫っていたとしても目隠しをしているので気付きません。バランスを保っていれば問題ないでしょう。「マイナス面」は正位置の皇帝、大アルカナです。圧倒的な権力を持ちます。それがマイナスになるということは本当のことは言わない方がいいのかも。自慢は危険です。ピンチに陥るかもしれません。「討論」は正位置の剣の小姓、器用でスパイ行為に成功します。情報の交換を通して人脈を広げることができます。人間関係を築くことがポイントです。視野が狭くなると

正解が出ません。「解決」は逆位置の剣の5、敗北です。競争に敗れても、それによって問題が解決します。勝つと目の前の危機を脱すると後悔するかもしれません。協力する義理はないので近づかない方が。または家族の中で権力を持っている人はあなたにとってマイナスです。声をかけると責任を押し付けられる危険性があります。

「総合」は正位置の棒の騎士のカードが出ました。新しい冒険が始まります。思いがけない助っ人が現れるかもしれません。金貨と聖杯のカードは1枚も出ませんでした。金銭関係と感情にあまり動きはないようです。とにかく体が資本で体力勝負になると思われます。生活は食事と睡眠を中心に考えて

くださいい。大アルカナが1枚、皇帝が出ましたがマイナス面です。権力者は味方ではありません。頼ると後悔するかもしれません。協力する義理はないので近づかない方が。または家族の中で権力を持っている人はあなたにとってマイナスです。声をかけると責任を押し付けられる危険性があります。離れましょう。

5月はまあまあ激動の月になるかもしれない

3月は「プラス面」に正位置の金貨の7、不満を感じます。経済的な問題を変えたいという気持ちが原動力に。「マイナス面」に正位置の棒の3、未来に期待。期待が大きいと落胆するので見積もりは低めに。「討論」に逆位置の金貨の9、豪華に見えるのは表面だけです。広く浅い人間関係を目指せばダメージは少ないでしょう。「解決」に正位置の棒のエース、現状に満足できず新しいことに挑戦します。アイデアが湧きます。「総合」に正位置の聖杯の騎士のカードが出ました。恋愛関係で楽しいことがあり不満が消えるのかも。4月は「プラス面」に逆位置の棒の王、過ちに厳格になります。「マイナス面」に正位置の剣の女王、観察力が鋭くなります。嫌みを言って相手を挑発しないように注意。「討論」に逆位置の正義、大アルカナです。判断に迷うかも。私情を挟まず客観的に。不正が行われていることを知らずに信じて、ばかを見る危険性があります。「解決」に逆位置の金貨の王、拒まれると危険な面が出ます。金銭面に関して自分をコントロールできないかも。「総合」に正位置の愚者のカードが出ました。大アルカナです。夢を見ている状態です。全部思い過ごしだと考えるようになるかも。5月は「プラス面」に逆位置の棒の8、勘違いしても裏目に出ません。「マイナス面」に逆位置の女司祭長、大アルカナです。うぬぼれが強くなるので注意。「討論」に正位置の剣の4、一休みすることができます。「解決」に正位置の審判、大アルカナです。脱出できます。待ち望んでいた状態になり復活します。「総合」に正位置の月のカードが出ました。大アルカナです。重要なことが明らかにされません。5月は大アルカナが3枚。意外な動きがありそうです。

金がないふりをするとプラスに働く可能性

6月は「プラス面」に正位置の金貨の5、金欠です。金がないふりをした方がいいでしょう。「マイナス面」に逆位置のつるされた男、大アルカナです。方向が違うようです。再検討しましょう。「討論」に正位置の太陽、大アルカナです。考えが実現します。人と話し合うと良いようです。「解決」に正位置の金貨の騎士、金銭問題の始まりか終わりです。「総合」に逆位置の金貨の2のカードが出ました。変化に対応することができます。6月は金銭関係を中心に動きがありそうです。7月は「プラス面」に正位置の棒の8、移動するとプラスに働きます。「マイナス面」に正位置の剣の王、企画力があります。アイデアがどんどん湧いてきますが時間が足りないかも。「討論」に逆位置の聖杯の女王、ひねくれた面が出そうなので、素直な自分をイメージすると悪化を防ぐことができます。「解決」に逆位置の隠者、大アルカナです。耳をふさいで人の話を聞きません。人に相談せずに解決できます。「総合」に逆位置の女司祭長のカードが出ました。大アルカナです。うぬぼれが強くなります。自信満々な状態で過ごせるでしょう。8月は「プラス面」に正位置の棒の4、安定しています。「マイナス面」に逆位置の聖杯の小姓、やる気が失われます。感情面で面白くないことがあるかも。「討論」に逆位置の棒の女王、敵対する相手に対して情け容赦ない態度で接します。「解決」に逆位置の金貨の10、日常に変化が少なく退屈になるでしょう。金に困りません。「総合」に正位置の棒の6のカードが出ました。勝者になります。行動力があり、やることをやって結果を出します。

めでたいことがあって終始顔が緩みっ放しに

9月は「プラス面」に正位置の聖杯の9、満ち足りています。めでたいことがあって終始顔が緩みっ放しになります。「マイナス面」に正位置の剣の5、敗北です。自分が犠牲になります。「討論」に逆位置の審判、大アルカナです。まだ脱出できません。他人の支配を甘んじて受けます。「解決」に正位置の死神、大アルカナです。過去を捨て去ることができます。「総合」に逆位置の聖杯の8のカードが出ました。物質を得ても心は満たされません。10月は「プラス面」に逆位置の聖杯の王、ずる賢い面が出ます。「マイナス面」に逆位置の塔、大アルカナです。来るべきものが来たと感じます。覚悟はできています。「討論」に正位置の女帝、大アルカナです。豊かな恵みがもたらされます。「解決」に正位置の聖杯の7、本当に必要なものがまだ分からないので優柔不断になります。「総合」に正位置の剣の3のカードが出ました。別れがあるかもしれません。11月は「プラス面」に正位置の月、大アルカナです。重要なことが明らかにされません。自分の時間を失わずに済むのかも。「マイナス面」に逆位置の棒の騎士、嫉妬心に注意が必要です。視野が狭くなっているので視点を変えましょう。「討論」に正位置の金貨の女王、安全第一です。基本を守りましょう。反対意見が出ても撃退できます。「解決」に正位置の剣の6、旅立ちます。場所を離れることで解決するようです。「総合」に正位置の運命の輪のカードが出ました。大アルカナです。チャンスをつかみます。

誰にもできないことをしてポジションを築く

12月は「プラス面」に正位置の剣の4、一休みすることができます。「マイナス面」に正位置の聖杯の6、素直な状態です。「討論」に正位置の正義、大アルカナです。信用できない人と行動することになっても判断力を持ち自分を見失うことはないでしょう。「解決」に正位置の剣の9、悲しいことがあるかもしれません。「総合」に逆位置の棒の10のカードが出ました。プレッシャーを処理することができます。言いがかりをつけてくる人が消えて疲労が軽減します。1月は「プラス面」に逆位置の剣の7、当てが外れます。思い通りにいかない方が自分のためになります。「マイナス面」に正位置の棒の2、考えをまとめて利害が一致する人を待っている状態です。待たずに自分から動いた方がいいのかもしれません。「討論」に逆位置の金貨の王、拒まれると危険な面が出ます。「解決」に正位置の棒の5、議論になります。簡単に解決しないかも。「総合」に逆位置の金貨の小姓のカードが出ました。浪費します。ストレスから散財しそうです。2月は「プラス面」に逆位置の剣の女王、信頼できません。裏切られる危険性があります。「マイナス面」に正位置の聖杯の4、一休みしたくなります。体を休めるというよりも自分でよく考えてみたくなります。「討論」に逆位置の節制、大アルカナです。自分を抑え込みます。度量が大きく発散しなくても大丈夫なのかも。「解決」に正位置の金貨の8、真面目に修行します。技術を身に付けて自分の価値を上げることで現状を突破するのかもしれません。「総合」に正位置の魔術師のカードが出ました。大アルカナです。簡単に新しい物を作り出すことができます。誰にもできないことをしてポジションを築くようです。

3月

生まれの

運勢

恐る恐る踏み出して権力を持つようになる

「プラス面」は逆位置の剣の8、恐る恐る踏み出します。「マイナス面」は正位置の聖杯の9、満ち足りています。めでたいことがあって終始顔が緩みっ放しになります。「討論」は正位置の金貨の10、富を手に入れて成功するでしょう。「解決」は正位置の皇帝、大アルカナです。圧倒的な権力を持ちます。「総合」は逆位置の棒の2のカードが出ました。待たずに自分から行動します。解決が皇帝なので支配に乗り出すでしょう。討論の金貨は金銭関係に大いに期待できます。5枚のカードは剣、聖杯、金貨、棒が1枚ずつ、そして大アルカナも。全方位にバランスが取れています。何かに特化するというよりも、広く浅くいろいろなことに関わります。一つの結果が次に影響します。機会を得た場合は無理をしても相手に協力するといいでしょう。満足することがマイナスなので、目先のことに満足せず視野を広げて欲を出すと、その先の展開があります。コミュニケーションは非常に滑らかです。聖杯なので欲とは金銭的なことではなく精神的なものです。物質よりも体験や記憶を重視します。聖杯と金貨は正位置ですが棒と剣は逆位置です。活動は動けなかった状態から少しずつ動き出します。スムーズではないかもしれませんが、開始すれば皇帝の座を狙うような存在になる可能性があります。何でもやってみましょう。弱点がありません。深入りすることもほとんどありません。どの方面にも顔が利くようになります。邪魔も入りません。

全く考えていなかった予想外の楽しみを知る

「プラス面」は逆位置の太陽、大アルカナです。成長が止まります。進化しない方が長く楽しむことができるのかもしれません。「マイナス面」は正位置の塔、大アルカナです。突然の出来事に驚きます。何か起きます。理不尽なことでも全体的に連動しているので、心のどこかで知っていることかも。「討論」は逆位置の魔術師、大アルカナです。才能と力がありますが集中できません。情報が多過ぎるのかも。身の回りや頭の中を整理をしましょう。必要な物だけ机の上に置いてください。3枚連続で大アルカナが出ました。プラス面でもマイナス面でも恐らくかなり驚かされます。今まで全く考えていなかった予想外の楽しみを知ることになるのかも。「解決」は正位置の剣の6、旅立ちます。場所を変えるようです。現在地から離れるでしょう。「総合」は正位置の剣の7のカードが出ました。気まぐれです。気まぐれでやったことが楽しみになります。予定通りに、計画的に行うことには興味を持ちません。落ち着いて楽しむといった方向にもほとんど心は動かないでしょう。大アルカナ3枚で強い力に引き寄せられる可能性があります。何が起きるか分からない危険な場所に足を踏み入れると興奮するでしょう。聖杯は1枚もないので不安は感じません。剣が2枚で競ったり争ったりすることが得意です。自分に自信があるようです。野心家です。金貨は1枚もないので金の心配はないでしょう。利益を得ることが楽しみという雰囲気でもありません。勝つことが喜びにつながるようです。

危なっかしい場面でもバランスを崩さない

「プラス面」は逆位置の剣の2、バランスを崩さないように注意という意味ですがプラス面なので、危なっかしい様子でもバランスを崩さないのかも。「マイナス面」は正位置の節制、大アルカナです。無理やりではなく自然と礼儀正しく振る舞うことができ、人間関係では調整力を発揮するのですが、それがマイナスに働くということは、いい人ぶっていると思われる危険性か、プラス面が逆位置の剣の2なのでサバイバルゲームのような生存競争、弱肉強食の世の中で全くやっていけないという意味になります。自分のやり方ではなく、誤解されないように周囲に順応し、現実的に対応しましょう。思ったより敵は多いのかもしれません。「討論」は逆位置の運命の輪、大アルカナです。後戻りします。運命の輪が動くので、びっくりすることがあるかも。個人では対抗できない雰囲気です。エネルギーを無駄にしないように。「解決」は正位置の棒の5、議論になります。成り行きに任せても解決するでしょう。積極的に発言すると全体をコントロールできるかもしれません。人に任せず自分で動きましょう。「総合」は逆位置の棒の6のカードが出ました。勝者なのですが逆位置で、やはり逆位置の運命の輪と連動していると思われます。悪い結果が出たとしても、しばらくたつと覆るでしょう。マイナス面と討論に大アルカナが出ました。きちんと役割を果たし、慎重に行動しても思うようにいかないなら、責任を放棄してもいいかも。最終的には勝者になるはずです。

伝統を大切にしてやり方を変えない方が

「プラス面」は正位置の金貨の3、伝統を大切にしましょう。勝手にやり方を変えない方がいいでしょう。経済面で優遇されます。「マイナス面」は逆位置の棒の女王、敵対する相手に情け容赦ない態度を取ります。プラス面が正位置の金貨の3なので古いやり方に異議を唱える人と対立するのかも。女王ですから相手が誰だろうと気にしません。しかし、そのような姿勢がマイナスということは強気が裏目に出る危険性があります。中立的な態度を意識すると損害を防ぐことができます。「討論」は逆位置の聖杯の2、コミュニケーション不足です。口を利きたくない人がいます。しかし自分の気持ちを偽って無理することはありません。うそをつけないので思っても役になると思われます。同じ価値観の人たちの希望の星になります。

マイナス面、討論、解決ではネガティブな印象でしたが総合では星という大アルカナが出ました。女王気取りでコミュニケーションエラーによる孤独を感じても、総合的には自分との闘いに勝ち、光り輝きます。心がけが悪くても問題ないでしょう。

ョン不足です。口を利きたくない人がいます。しかし自分の気持ちを偽って無理することはありません。うそをつけないので思っても顔が引きつりいないことを言うと顔が引きつります。人間関係に問題が生じた場合は重く受け止めずに、できれば自分から話しかけるといいのです。「解決」は正位置の聖杯の5、孤独を感じます。討論の逆位置の聖杯の2、コミュニケーション不足と因果関係があります。恐らくには自分から話しかけることはないのでしょう。心の壁は崩れません。孤独を受け入れることでトラブルに巻き込まれずに済むのかも。「総合」は正位置の星のカードが出ました。大アルカナです。才能を発揮して美しく輝きます。コミュニケーション力が必要ない世界で主

4月は真面目な生活が恋愛で一変するかも

3月は「プラス面」に正位置の死神、大アルカナです。過去を捨て去ることができます。「マイナス面」に正位置の金貨の4、けちくさいと思われても気にしません。ほとんど金を使わないでしょう。

「討論」に逆位置の悪魔、大アルカナです。まだ決心できないかもしれません。誘惑に注意しましょう。「解決」に逆位置の棒のエース、冒険が困難に直面します。解決のために行動しますが、最初の壁を突破すれば解決したも同然です。「総合」に逆位置の金貨の2のカードが出ました。変化に対応することができます。4月は「プラス

面」に正位置の聖杯の小姓、感情が激しくなります。「マイナス面」に正位置の棒の3、未来に期待することができます。「討論」に正位置の金貨の8、真面目に修行し技術を身に付けて自分の価値を上げることができます。「解決」に正位置の棒の9、肉体を使って自分のテリトリーを守ります。「総合」に逆位置の聖杯の騎士のカードが出ました。気持ちが燃え上がり夢中になって追いかけます。恋愛に熱中します。5月は「プラス面」に逆位置の金貨の小姓、浪費しますがプラスに働くので問題なさそうです。「マイナス面」に

逆位置の剣のエース、強制されて行動を開始します。「討論」に正位置の金貨の5、金欠です。大金を動かさない方がいいでしょう。「解決」に正位置の棒の小姓、良い知らせがあるかもしれません。「総合」に正位置の金貨の7のカードが出ました。不満を感じていますが、金銭的には満足できるほどではないのかもしれません。行動したことにより良い知らせがありますが、金銭的には満足できるほどではないのかもしれません。

感情的な時期が過ぎると大きく変わる

6月は「プラス面」に正位置の聖杯の女王、相手に尽くします。「マイナス面」に逆位置の聖杯の4、考えがまとまり腰を上げます。「討論」に正位置の聖杯の王、きちんと責任を取ることができます。「解決」に正位置の剣の9、悲しいことがあるかもしれません。「総合」に正位置の聖杯の10のカードが出ました。平和な状態です。5枚のうち4枚が聖杯です。自分の気持ちをコントロールすることで頭がいっぱいです。それしか考えていません。7月は「プラス面」に逆位置の剣の10、全てが終わります。「マイナス面」に逆位置の棒の7、混

エース、経済面に新たな動きが生じます。「討論」に正位置の世界、大アルカナです。完成します。「解論」に逆位置の金貨の7、アイデアがひらめきます。人間関係を利用できます。「解決」に正位置の恋人、大アルカナです。楽しいことが見つかります。「総合」に正位置の棒の7のカードが出ました。騒動に対処することになるかもしれません。有利なポジションを失わないように注意してプラスになります。競ってきたことが終了してプラスになります。自分の時間ができますが騒動に巻き込まれないように注意。8月は「プラス面」に正位置の聖杯の4、一休みするといいかもしれません。「マ

乱します。落ち着いて取り組める ように環境を整えましょう。「討論」に正位置の金貨の7、アイデアがひらめきます。「解決」に正位置の棒の剛毅、大アルカナです。勇気があります。自分より強い相手でもひるみません。「総合」に正位置の運命の輪のカードが出ました。大アルカナです。チャンスをつかみます。混乱していても休みたいときに休むことができ、周囲を動かすことができます。8月以降、大きく変わるでしょう。

イナス面」に逆位置の棒の7、混きく変わるでしょう。

9月は金の力で正しいことを逆にするかも

9月は「プラス面」に正位置の金貨の9、明るい未来が待っています。「マイナス面」に正位置の金貨の騎士、金銭問題の始まりかけてくる人が消えて疲労が軽減。終わりです。「討論」に逆位置の金貨の6、偉そうな態度にならないように注意しましょう。「解決」に正位置の聖杯の8、満足できず立ち去ります。「総合」に逆位置の正義のカードが出ました。大アルカナです。判断に迷うことがあるかも。私情を挟まず客観的に。不正が行われ信じるとばかを見る危険性があります。金貨が3枚出ました。金銭にまみれています。正義は逆位置。金の力で白を黒に

するのかも。10月は「プラス面」に逆位置の棒の10、プレッシャーを処理できます。言いがかりをつんじると裏目に出るかもしれません。「討論」に逆位置の剣の王、相手を疑っています。立場が強いので嫌な言い方をするかも。「解決」に逆位置の聖杯のエース、本心を隠して言いません。「総合」に逆位置の金貨の女王のカードが出ました。疑いを持っています。聖杯以外女帝、法王、剣の王、金貨の女王と力のある人に囲まれているとも考えられます。気持ちを隠さないとやっていけないのかも。

「マイナス面」に正位置の法王、大アルカナです。伝統と格式を重んじると裏目に出るかもしれません。「討論」に逆位置の剣の王、本当に必要なものが分からないので優柔不断に。「討論」に正位置の戦車、大アルカナです。勝負に心を隠して言いません。「解決」に正位置の聖杯の7、本当に必要なものが分からないので嫌な言い方をするかも。「解決」に正位置の聖杯のエース、本決。「総合」に逆位置の金貨の女王のカードが出ました。疑いを持っています。聖杯以外女帝、法王、剣の王、金貨の女王と力のある人に囲まれているとも考えられます。気持ちを隠さないとやっていけないのかも。

ルカナです。判断に迷うことがあるかも。私情を挟まず客観的に。不正が行われ信じるとばかを見る危険性があります。金貨が3枚出ました。金銭にまみれています。正義は逆位置。金の力で白を黒に

れた男のカードが出ました。大アルカナです。方向が違うようです。11月は「プラス面」に正位置の女帝、大アルカナです。恵みがもたらされます。

の剣の3、別れがあるかもしれません。「総合」に逆位置のつるされた男のカードが出ました。大アルカナです。方向が違うようです。11月は「プラス面」に正位置の女帝、大アルカナです。恵みがもたらされます。

金銭関係の対立を乗り越えて未来は明るい

12月は「プラス面」に正位置の棒の4、安定しています。「マイナス面」に逆位置の金貨の3、意見が対立します。「討論」に正位置の金貨の9、明るい未来が待っています。「解決」に逆位置の聖杯の6、おだてられそうです。良い人を演じることになりそうです。「総合」に逆位置の剣の2のカードが出ました。バランスを崩さないように注意しましょう。1月は「プラス面」に逆位置の剣の9、悲しみは終わります。

ずる賢い面が出ます。「解決」に自信を持って臨めば相手が折れるでしょう。「解決」に逆位置の聖杯のエース、本心を隠して言いません。「総合」に正位置の聖杯の3のカードが出ました。グループで楽しむでしょう。普段付き合いがない人たちと交流します。特に面倒だと感じません。気まぐれがプラスに働き、討論に悪魔、本心は言わないという集団の中で普通ではないコミュニケーション力を発揮しそうです。

棒の3、未来に期待することができます。「総合」に正位置の剣のエースのカードが出ました。勝利に向けて意気込んでいます。マイナス面が塔なので打撃を受けそうですが心を鬼にして対処し、総合で剣を突き上げています。2月は「プラス面」に正位置の剣の7、気まぐれです。気まぐれでやったことが意外な結果をもたらします。「マイナス面」に逆位置の金貨の7、アイデアがひらめきます。「討論」

に正位置の棒の3、未来に期待するでしょう。

突然の出来事に驚くかもしれません。「討論」に逆位置の聖杯の王、威圧感があり相手を圧倒します。

に正位置の悪魔、大アルカナです。「討論」に逆位置の金貨の7、アイデアがひらめきます。「討論」に正位置の悪魔、大アルカナです。

4月

生まれの

運勢

良い知恵を得て経験したことを生かすもよう

「プラス面」は正位置の隠者、大アルカナです。良い知恵を得ます。秘密の方法を教えてもらうかも。物静かで深みのある人と関わるでしょう。積極的な態度で臨むとプラスに。「マイナス面」は逆位置の棒の騎士、嫉妬心に注意が必要です。視点を変えましょう。体力が落ちそうなので体を鍛えるでしょう。「討論」は正位置の剣の王、企画力があります。アイデアが湧いてきます。経験したことを生かすことができます。活躍する場を与えてくれるのがプラス面の隠者かも。となると、マイナス面の逆位置の棒の騎士の若さが気になります。身勝手な行動でチャンスを失わないように。自分の考えや、やりたいことを受け止めてくれる人との関係を大切にしましょう。剣の王の力で予想以上の結果が出るかも。「解決」は正位置の聖杯の2、人とのコミュニケーションが楽しくなります。人間関係に問題はなさそうなのでマイナス面の逆位置の棒の騎士は、そんなに心配しなくてもいいのかも。聖杯の2は向かい合った男女が描かれています。新しい恋愛関係がスタートする可能性があります。「総合」は逆位置の剣の3のカードが出ました。何かが心に突き刺さります。心臓病に注意。けんか別れするかもしれませんが逆位置なので後悔しないようです。解決の正位置の聖杯の2、新しい恋愛と関係がありそうです。隠者、逆位置の棒の騎士、剣の王と人に取り囲まれていると考えると、心を動かされる相手は隠者かも。尊敬する気持ちが恋愛感情に変わります。しかし総合で逆位置の剣の3ですから、隠者に個人的な感情を持つことはお勧めしません。隠者を失うことになるかも。ほかに騎士と王がいるので後悔はしないのかもしれませんが。

1人の時間を大切にしたくなるのかも

「プラス面」は正位置の金貨の8、真面目に修行します。技術を身に付けて自分の価値を上げることができます。練習が苦にならないようです。費やした時間は無駄になりません。こつこつと積み上げて結果を出すでしょう。「マイナス面」は正位置の聖杯の2、人とのコミュニケーションが楽しくなります。しかしマイナス面なので、自分は修行中で恋愛にうつつを抜かしていられないという自制心か圧力から、相手が現れても仕事を選ぶかもしれません。「討論」は逆位置の女司祭長、大アルカナです。うぬぼれが強くなります。修行の成果で知識量は誰にも負けなくなります。自信満々です。正位置だと人に対して寛容になるかもしれませんが逆位置なので自分の力を誇示するような行動を取るようになるかも。「解決」は逆位置の死神、大アルカナです。生まれ変わるような変化はまだ訪れませんが、人間関係を自分で断ち切る可能性があります。1人の時間を大切にしたくなるのかも。コミュニケーションがマイナスなので楽しみは内面を深める方向です。表面的な話では満足できず好きなことを追求することに喜びを感じます。「総合」は逆位置の棒の7のカードが出ました。混乱します。棒なので妨害されるのかもしれません。1人の時間を大切にしたい人にとって、何かに邪魔されるのは耐えられないでしょう。落ち着いて取り組める環境を整えるとストレスを感じることなく過ごせます。剣が1枚も出なかったので邪魔されても争う雰囲気ではありません。

勝負に勝ち注意するべきことは特にない

「プラス面」は正位置の戦車、大アルカナです。勝負に勝つでしょう。非常に勢いがあります。「マイナス面」は正位置の剣の4、一休みすることができます。しかし勢いに乗っているときは、休まない方がいいかも。「討論」は正位置の棒の7、騒動に対処することになりそうです。プラス面で勝って周囲に対する責任が増すのかも。有利なポジションを失わないように注意しましょう。「解決」は正位置の金貨の小姓、金銭に関する良い知らせがあります。騒動は第三者が金銭で解決するもよう。「総合」は正位置の恋人のカードが出ました。大アルカナです。楽しいことが見つかります。問題を他人に任せて、自分は恋人との時間を優先できます。それはまずいと思うかもしれませんが、プラス面に正位置の戦車で調子の良いときは飛ぶ鳥を落とす勢いです。金銭に関する良い知らせが入るので遊ぶ金にも不自由しません。さらに総合は正位置の恋人で、注意するべきことはないように思えます。大アルカナ、剣、棒、金貨と出て、聖杯が1枚も出ませんでした。感情を全く表さない可能性があります。プラス面の正位置の戦車の成功の影響でしょう。目的を達するために気持ちを封印して壁を突破したのかも。その経験から、人に共感しないし、反感もない、自分の気持ちを隠して言いたいことを言わなくても苦しくならない、プレッシャーを感じない精神状態になる雰囲気です。仮面をかぶって本性を見せない状態が続くと思います。万一、体調が悪くなったら、自分は無理していると自覚するかも。

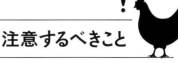

タイミングがくれば勝手に動き出すもよう

「プラス面」は逆位置の聖杯の小姓、やる気が失われます。わがままを言っても大丈夫なのかもしれません。「マイナス面」は逆位置の聖杯の女王、ひねくれた面が出ます。相手が悪いのでしょうか。挑発されるのかも。影響力のある人に注意。相手に合わせず自分のペースで。素直な自分をイメージしましょう。「討論」は正位置の節制、大アルカナです。無理することがなく礼儀正しい状態です。落ち着いて自分の意見を言うことができるでしょう。「解決」は逆位置の棒の8、勘違いに注意しましょう。間違ったと思ったら軌道修正することができます。「総合」は正位置の女司祭長のカードが出ました。大アルカナです。知恵を授かります。飾り立てずシンプルな美しさを追求するでしょう。物静かで落ち着いた雰囲気になります。戦略を考える頭脳派ですが解決が棒なので行動力もあります。プラス面とマイナス面がどちらも聖杯で、心理的なコントロールに力を注ぐことがポイントになるのかも。討論に正位置の節制なので調整がうまく、肉体と精神のバランスを取ることができます。タイミングが良く、需要と供給を考えて無駄なことをしません。理想的な結果を得るでしょう。金貨と剣は1枚も出ませんでした。経済関係は優先順位が低いようです。金銭を巡って争うことはないでしょう。仮に問題が生じても驚くような展開はないはずです。相手の要求は考えられる範囲で、突っぱねても妥協しても影響は残りません。やろうかどうか迷っていることは放置して構わないでしょう。タイミングがくれば勝手に動き出します。

春の運勢

成長が止まるのでリスクを冒さない方が

3月は「プラス面」に逆位置の金貨の王、拒まれると危険な面が出ます。「マイナス面」に逆位置の太陽、大アルカナです。成長が止まります。リスクを冒さない方がいいでしょう。「討論」に正位置の金貨の10、富を手に入れて成功するでしょう。「解決」に正位置の審判、大アルカナです。脱出できます。待ち望んでいた状態になり復活します。人に支配されなくなります。「総合」に正位置の棒の6のカードが出ました。勝者になります。やることをやってすっきりとした気分で過ごせます。

4月は「プラス面」に正位置の金

貨の女王、安全第一です。危険なことをしませんが利益が出るようないので優柔不断になります。「討論」に逆位置の聖杯の5、孤独の時期は終わります。立ち上がろうとします。「解決」に逆位置の金貨の騎士、金銭問題の始まりかも。「総合」に正位置の剣の小姓のカードが出ました。器用でスパイ行為に成功します。5月は「プラス面」に正位置の棒の2、考えをまとめて利害が一致する人を待っている状態です。プレゼンテーションの練習をしましょう。「マ

本当に必要なものがまだ分からないので優柔不断になります。「討論」に逆位置の聖杯の5、孤独の時期は終わります。立ち上がろうとします。「解決」に正位置の聖杯の9、満ち足りています。めでたいことがあって終始顔が緩みっ放しになります。「総合」に逆位置の星のカードが出ました。大アルカナです。計画性が失われます。

4月は「プラス面」に正位置の金貨の6、偉そうな態度にならないように注意しましょう。「解決」に逆位置の棒の5、けんかをする

イナス面」に正位置の聖杯の7、満ち足りているので深く考えなくなるようです。

8月は何があっても逆らわないでください

6月は「プラス面」に正位置の金貨の2、変化に対応することができます。「マイナス面」に正位置の愚者、大アルカナです。夢を見ている状態。「討論」に逆位置の聖杯の8、物質を得ても心は満たされません。「解決」に正位置のつるされた男、大アルカナです。耐える価値があります。「総合」に正位置の月のカードが出ました。大アルカナです。重要なことが明らかにされません。大アルカナが3枚出ました。いつもと様子が違うと感じます。棒と剣が出ていないので派手な争いではなさそうですが、金銭に起因する感情が焦点になります。考えられることは株主総会です。7月は「プラス面」に逆位置の聖杯の10、退屈ですがプラスなので現状を維持。6月が過ぎると落ち着くもよう。「マイナス面」に正位置の棒の女王、何かを育てることに否定的な気持ちが生じます。「討論」に正位置の棒の王、情熱があります。話を受け流さずに積極的に介入。「解決」に正位置の剣の10、終了します。背中の傷に注意。「総合」に逆位置の法王のカードが出ました。大アルカナです。鍵が外れるかも。それによって利益を得ます。8月は「プラス面」に正位置の世界、大アルカナです。完成します。「マイナス面」に正位置の剛毅、大アルカナです。勇気があります。何でもやろうとします。「討論」に逆位置の正義、大アルカナです。判断に迷うことがあるかも。私情を挟まず客観的に。不正が行われ信じるとばかを見る危険性。「解決」に逆位置の死神、大アルカナです。生まれ変わるような変化はまだ訪れません。「総合」に逆位置の剣の5のカードが出ました。敗北です。大アルカナが4枚出ました。総合が敗北なので何があっても逆らわずに。徒労に終わります。

金銭を巡って争う可能性があります

9月は「プラス面」に正位置の金貨の8、真面目に修行します。技術を身に付けて自分の価値を上げます。「マイナス面」に正位置の聖杯の騎士、楽しみを知るでしょう。「討論」に正位置の皇帝、大アルカナです。圧倒的な権力を持ちます。誰も反対しません。「解決」に正位置の剣の6、旅立ちます。なぜか場所を離れるようです。「総合」に正位置の棒のエースのカードが出ました。現状に満足しません。金貨、聖杯、大アルカナ、剣、棒、全て1枚ずつ出ました。全方位に顔が利きます。10月は「プラス面」に逆位置の運命の輪、大アルカナです。後戻りします。「マイナス面」に正位置の聖杯の4、一休みしたくなっても休まない方がいいかもしれません。「討論」に正位置の金貨のエース、経済面に新たな動きが生じます。「解決」に正位置の棒の10、やり過ぎるくらいやれば解決するようです。「総合」に逆位置の棒の9のカードが出ました。必要以上に警戒しています。11月は「プラス面」に逆位置の剣の8、恐る恐る踏み出します。「マイナス面」に逆位置の金貨の4、全く無駄遣いをしないでしょう。それがマイナスに働きます。視野が狭くなりチャンスを逃すのかも。「討論」に逆位置の金貨の5、費用を負担することになりそうです。出資しないとマイナスで、討論では費用を負担。出し渋っても自分が支払うことになるという意味かも。「解決」に正位置の剣の騎士、勢いが出ます。絶え間なく要求を出し続けると実現します。「総合」に逆位置の剣の女王のカードが出ました。信頼できません。裏切られる危険性があります。11月は剣と金貨しか出ませんでした。金銭を巡って争う可能性があります。

金を使って良い人を演じても浪費になります

12月は「プラス面」に逆位置の聖杯の6、おだてられます。良い人を演じるとプラスになります。「マイナス面」に逆位置の金貨の小姓、浪費します。良い人を演じてプラスになっても浪費するなら、金を使って良い人を演じないでください。「討論」に正位置の剣の3、別れがありそうです。「解決」に正位置の聖杯の小姓、感情が激しくなります。「総合」に正位置の聖杯の5のカードが出ました。孤独を感じる瞬間があるかも。同じ意見の人を見つけましょう。1月は「プラス面」に逆位置の剣の騎士、問題に対処する準備ができます。「マイナス面」に正位置の恋人、大アルカナです。楽しいことを我慢しないといけないのかも。「討論」に正位置の金貨の3、伝統を大切にしましょう。勝手にやり方を変えない方がいいでしょう。「解決」に正位置の聖杯の9、満ち足りています。めでたいことがあって終始顔が緩みっ放しになります。「総合」に正位置の金貨の10のカードが出ました。富を手に入れて成功するでしょう。2月は「プラス面」に逆位置の聖杯の騎士、気持ちが燃え上がり夢中になって追いかけます。恋愛に熱中します。「マイナス面」に逆位置の棒の4、怠け心が生じます。規則正しい生活が嫌になってしまいます。「討論」に逆位置の金貨の9、豪華に見えるのは表面だけかもしれません。「解決」に正位置の棒の6、勝者になります。やることをやってすっきりとした気分で過ごせます。「総合」に逆位置の金貨の7のカードが出ました。アイデアがひらめきます。

5月
生まれの
運勢

2024年の運勢

頭の中は金のことだけで非常に現実的

「プラス面」は逆位置の金貨の8、浮足立っています。準備が中途半端にならないように注意しましょう。「マイナス面」は正位置の金貨の7、不満を感じています。「討論」は逆位置の金貨の騎士、停滞します。動きがなくても焦らずに。「解決」は正位置の剣の3、別れがあるかもしれません。「総合」は逆位置の金貨の2のカードが出ました。変化に対応することができます。金貨が4枚出ました。金の中は金のことだけしか考えていません。頭の中は金への執着を断ち切ることを示すと思われますが、総合でまた金

貨なので、結局周囲を金で囲まれることは簡単に解決しないのかも。全ての基準は自分の価値観で金額の多少で優劣を判断します。非常に現実的です。聖杯がないので心理的な配慮はほとんどないでしょう。棒もないのであまり動かないでしょう。プラス面は逆位置で浮足立っているので、もう働きません。「総合」は逆位置の金貨の2のカードが出るのかもしれません。う話があるのかもしれません。う相手がいてチャンスが生まれることを忘れずに。マイナス面は正位置ですが不満を感じるようです。

期待した内容とは違うのかも。自分の意見を聞いてほしければ、それなりの姿勢が必要です。討論は

逆位置なので、不満に思っている値が出ていないので積極的には動かないでしょう。解決で別れなので、人間関係の変化が突破口になるかも。総合で変化に対応していますが、やはり金貨です。金貨の2は片足で立ち、両手に玉のように持った金貨を器用に操っています。逆位置なので金貨を落とさないように注意してください。──

いように注意してください。──

富を手に入れてライバルはもういない

「プラス面」は正位置の金貨の10、富を手に入れて成功するでしょう。「マイナス面」は逆位置の月、大アルカナです。不安が表情に出て薄気味悪い印象を与えます。自然体よりも外見を飾った方が無難かもしれません。「討論」は正位置の聖杯の騎士、楽しみを知ることができます。仕事よりも遊ぶ時間を充実させることができます。「解決」は正位置の聖杯の3、グループで楽しむでしょう。人脈が広がり、さまざまな方面に出かける機会が増えそうです。「総合」は正位置の剣の10のカードが出ました。終了します。背中の傷に注意しましょう。楽しいときは短いのかもしれません。今の自分にはこれだというものが見つかり全力で集中的に取り組むことになるでしょう。何といってもプラスに金貨の10なので資金の心配は全くありません。討論、解決の聖杯が意味する遊ぶこととは恋愛です。なので総合の剣の10は非常に唐突ですが、絶頂で果てる、関係は終わるという暗示でしょう。棒は1枚も出ていないので健康面の問題はありません。遊んでいるときに何かあるのかも。総合の剣の10はマイナスの逆位置の月が原因でしょう。それしかありません。物質的な不満はなく派手な生活を送るかもしれませんが精神的に大丈夫なのか、本当にやりたいことをやっているか、自分にうそをついていないか、たまに考えたくなるのかも。剣も1枚も出ていないのでスポーツなど人と競争することは別に楽しくないようです。富を手に入れるのでライバルはもういないのでしょう。——

注意するべきこと

棒、金貨、剣は1枚も出ず精神面が全て

「プラス面」は逆位置の世界、大アルカナです。完璧を目指します。自分のやったことが邪魔が入るかもしれません。しかしプラスなので完成しない方がいいという意味です。満足してしまうと進歩しなくなります。まだ限界を感じません。「マイナス面」は逆位置の聖杯の5、孤独の時期は終わります。立ち上がろうとします。立ち上がるとマイナスなので孤独のままで構いません。集団行動はマイナスです。恐らく孤独から生じる負の感情が生活や社会活動、創作活動のエネルギー源になります。「討論」は正位置の太陽、大アルカナです。考えが実現しま

す。人間関係に期待できます。自分のやったことが評価されるでしょう。「解決」は逆位置の聖杯の8、位置なので生まれ変わるような変化はまだ訪れません。大アルカナもしれません。2枚目の聖杯です。どうも精神面がポイントになるようです。感情を抑えないと失敗するのかというと、討論で正位置の太陽が出ているのでそうでもありません。独自の考え方で自分の世界をつくるので孤独と相性がいいとなると必要なのは愛情です。物では満たされないしかし4枚めくって宮廷カードは1枚も出ていません。心を動かすような人は周囲に見当たりません。

「総合」は逆位置の死神のカードが出ました。大アルカナです。逆位置なので生まれ変わるような変化はまだ訪れません。大アルカナが3枚出ました。どんなに注意しても意外なことが起きそうです。後の2枚は聖杯です。棒、金貨、剣は1枚も出ませんでした。精神面が全てです。理由を自分に求めることができます。外部の影響はほとんどないでしょう。何でも深く考えるので消耗に注意してください。

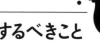

計画に全財産を使うことは相当に危険

「プラス面」は正位置の棒の3、未来に期待することができます。新しい計画を立てるようです。「マイナス面」は逆位置の金貨の女王、疑いを持っています。問題がなくても金銭が絡むと悪く考えるようです。現実的で人を信じません。金の貸し借りはリスクを伴うと思った方がいいかも。「討論」は逆位置の金貨の小姓、浪費します。人付き合いで交際費が増えそうです。逆位置の金貨の女王はますますマイナス思考になるでしょう。

「解決」は逆位置の剣の5、敗北です。失敗して解決しません。ということは問題は金銭では解決しないということです。正々堂々と戦うことになるでしょう。その結果たとえ負けたとしても、まだ5の段階なので続きがあります。諦めを乗り越えることができて、逆位置の金貨の女王のようになった金が返ってこなくても終わりではありません。「総合」は逆位置の剣の9のカードが出ました。寝台の上で泣いている状態ですが逆位置なので、もう終わったことです。マイナス面の逆位置の金貨の女王は、人に対してきつい態度をとりますが過去に悪い夢を見て泣いてしまうような出来事があったのかもしれません。または新しい計画に対するプレッシャーが想像以上

なのかも。ということは多くの人を巻き込み、相当な規模の計画になるのかも。そのようなつらい状態を乗り越えることができて、逆位置の金貨の女王のように悪かった場合、原因は金銭関係。本当に結果が悪かった場合、原因は金銭関係。心がけると良いこととしては新しい計画に全財産を使うことはやめてください。

4月は行動力が全てでほかの要素はなし

3月は「プラス面」に逆位置の棒の9、必要以上に警戒しています。「マイナス面」に正位置の聖杯の王、きちんと責任を取ることができます。「討論」に逆位置の審判、大アルカナです。逆位置なのでまだ脱出できません。他人の支配を甘んじて受けるでしょう。「解決」に逆位置の聖杯の2、コミュニケーション不足です。口を利きたくない人がいて障害になるかもしれません。「総合」に正位置の魔術師のカードが出ました。大アルカナです。簡単に新しい物を作り出すことができます。金貨と剣が出なかったので金銭関係の争いは起きません。4月は「プラス面」に逆位置の恋人、大アルカナです。気持ちを抑えた方がうまくいくかもしれません。「マイナス面」に正位置の隠者、大アルカナです。良い知恵を得ます。賢くなることがマイナスなので知っていることを言わない方がいいのかも。「討論」に正位置の棒の小姓、良い知らせがあります。「解決」に逆位置の棒のエース、冒険が困難に直面します。「総合」に逆位置の死神のカードが出ました。大アルカナです。生まれ変わるような変化はまだ訪れません。大アルカナ3枚と後の2枚は棒です。行動力が全てでほかの要素はありません。5月は「プラス面」に逆位置の女司祭長、大アルカナです。うぬぼれが強くなるので注意しましょう。「マイナス面」に正位置の金貨の女王、安全第一です。それがマイナスなので危険なことをしないと利益は出ないのかも。「討論」に逆位置の棒の3、思い上がっています。本音が出ないように注意。「解決」に逆位置の剣の5、敗北です。「総合」に逆位置の聖杯の小姓のカードが出ました。やる気が失われます。6月に期待しましょう。

勝負に勝つが対立が絶えないかも

6月は「プラス面」に正位置の戦車、大アルカナです。勝負に勝つでしょう。「マイナス面」に逆位置の金貨の3、意見が対立します。「討論」に正位置の剣のエース、勝利に向けて意気込んでいます。「解決」に正位置の棒のエース、現状に満足しません。新しいことに挑戦するでしょう。アイデアが湧きます。「総合」に逆位置の隠者のカードが出ました。大アルカナです。耳をふさいで人の話を聞きません。7月は「プラス面」に正位置の棒の小姓、良い知らせがあるかもしれません。「マイナス面」に逆位置の節制、大アルカナです。自分を抑え込みます。「討論」に逆位置の聖杯の4、考えがまとまり腰を上げます。「解決」に逆位置の聖杯の女王、ひねくれた面が出そうなので、素直な自分をイメージすると悪化を防ぐことができます。「総合」に正位置の聖杯の6のカードが出ました。子供のときのように素直な状態です。聖杯が3枚出ました。感情面が自分の中で大きなテーマになります。古い大切な記憶を何度も思い出すのかも。8月は「プラス面」に逆位置の聖杯の10、退屈かもしれませんがプラスの部分があるので現状を維持しましょう。「マイナス面」に正位置の聖杯の4、一休みしたくなっても休まない方がいいでしょう。「討論」に逆位置の棒の7、混乱します。落ち着いて取り組めるように環境を整えましょう。「解決」に逆位置の塔、大アルカナです。来るべきものが来たと感じます。覚悟はできています。「総合」に正位置の聖杯の5のカードが出ました。孤独を感じる瞬間があるかもしれません。同じ意見の人を見つけると楽になります。

突然のことに驚き死守していることをやめる

9月は「プラス面」に正位置の塔、大アルカナです。突然の出来事に驚くかもしれません。死守していることがあれば、やめてもいいかも。「マイナス面」に逆位置の聖杯の王、ずる賢い面が出ます。「討論」に正位置の棒の6、勝者になります。やることをやってすっきりとした気分で過ごせます。「解決」に正位置の剣の3、別れがあるかも。「総合」に正位置の剣の女王のカードが出ました。観察力が鋭くなります。10月は「プラス面」に正位置の悪魔、大アルカナです。威圧感があり相手を圧倒します。自信を持って臨めば相手は簡単に折れます。「マイナス面」に正位置の剣の7、気まぐれです。時間の浪費に注意しましょう。「討論」に正位置の星、大アルカナです。才能を発揮して美しく輝きます。「解決」に正位置の剣の6、旅立ちます。場所を離れることで問題は解決するようです。「総合」に逆位置の金貨の5のカードが出ました。費用を負担することになりそうです。聖杯は1枚も出ませんでした。討論に正位置の星なので気持ちに関係なく善処されると思って大丈夫です。11月は「プラス面」に正位置の金貨の6、善意の行為が相手の心を動かすでしょう。「マイナス面」に正位置の剣の王、企画力がありアイデアが湧いてきますがマイナスなので人に押し付けないようにしましょう。「討論」に逆位置の女司祭長、大アルカナです。うぬぼれが強くなるので注意。「解決」に正位置の皇帝、大アルカナです。圧倒的な権力を持ちます。「総合」に正位置の剣の騎士のカードが出ました。勢いが出ます。絶え間なく要求を出し続けると実現します。総合の騎士が王、女司祭長、皇帝に取り囲まれています。目上の人の中で中心的な役割を果たすのかも。

後戻りするかもしれないが安定を取り戻す

12月は「プラス面」に逆位置の運命の輪、大アルカナです。後戻りします。「マイナス面」に逆位置の聖杯の9、虚栄心との闘いになるかも。見栄を張ると代償を払うことになります。「討論」に正位置の棒の4、安定を取り戻します。「解決」に逆位置の聖杯の10、退屈かもしれませんがプラスの部分があるので現状を維持しましょう。「総合」に正位置の剣の4のカードが出ました。一休みすることができます。金貨は1枚も出なかったので出費の心配はないでしょう。1月は「プラス面」に正位置の剛毅、大アルカナです。勇気があります。何でもやろうとします。「マイナス面」に逆位置の棒の女王、敵対する相手に対して情け容赦ない態度で接します。「討論」に正位置の棒の10、やり過ぎます。遠慮せずに出しゃばった方がいいのかもしれません。「解決」に正位置の愚者、大アルカナです。夢を見ている状態です。「総合」に正位置の剣の2のカードが出ました。平和な状態になります。まだ金貨は出ず、聖杯も出ませんでした。感情移入するような出来事はないようです。2月は「プラス面」に正位置の女帝、大アルカナです。豊かな恵みがもたらされます。「マイナス面」に正位置の魔術師、大アルカナです。簡単に新しい物を作り出すことができます。「討論」に正位置の棒の8、移動することを検討しましょう。移動するとプラスに働きます。「解決」に正位置の棒の5、議論になります。「総合」に正位置の棒の2のカードが出ました。考えをまとめて利害が一致する人を待っている状態です。プレゼンテーションの練習をしましょう。棒が3枚出ました。自分で道を切り開いていくようです。

6月
生まれの
運勢

やりたいことがあってうずうずしている

「プラス面」は正位置の剣の王、企画力があります。アイデアがどんどん湧いてきます。「マイナス面」は逆位置の金貨の5、費用を負担することになりそうです。プラス面が正位置の剣の王なので態度が偉そうなのかも。周囲は偉そうにしている人に費用の負担を求めます。または、今までのやり方ではスポンサーを見つけられないという意味かも。いずれにしても自腹を切ることになりそうです。「討論」は逆位置の棒の5、けんかになります。資金調達で熱くなるようです。大人数で棒倒しのようなことをやるイメージです。一生懸命に頑張れば頭角を現します。体調に不安はなくチャンスです。「解決」は正位置の棒のエース、現状に満足しません。結果に一喜一憂せずに挑戦します。新しいこと、次々に企画を連発します。非常に活動的で活気にあふれています。やりたいことがたくさんあって、うずうずしているのでしょう。アイデアが湧くことがプラスなのでネタは豊富です。費用を負担することになる訳は偉そうな態度というよりは企画が多過ぎるからかもしれません。「総合」は逆位置の剣の6のカードが出ました。場の雰囲気が悪くなったら逃げることができます。判断が早く、とどまることを考えないようです。環境に執着する気持ちはなく、常に新しいことに挑戦したいと思っています。まだ落ち着かないでしょう。大アルカナは出ていないので予期しない出来事に直面することはないはずです。聖杯が1枚も出ませんでした。棒が2枚なので、まず体が勝手に動いて、気持ちは後からついてくる、人に言われて気付くという雰囲気になりそうです。

今までとは全く違った楽しみを見つける

「プラス面」は逆位置の棒の9、必要以上に警戒しています。9の段階まで来ているので、もう頑張る必要はありません。自分の力で獲得したものを失わないように防衛するのかも。「マイナス面」は正位置の金貨の9、明るい未来が待っています。明るい未来がマイナスとは、安定は自分のためにならないというパターンです。まだまだ信じられない力を発揮します。とりあえず、警戒がプラスなので危険な場所を通過すると思われます。9の段階ということはゴール直前で話がひっくり返るような危険性があるのかもしれません。しかし、それを切り抜けて明るい未来です。それがマイナスということは防衛の過程で新たな鉱脈を発見するのでしょう。「討論」は正位置の法王、大アルカナです。伝統と格式を重んじると守ってもらえます。説明がうまいので討論で活躍します。人間関係は目上の人と縁があります。「解決」は逆位置の審判、大アルカナです。まだ脱出できません。他人の支配を甘んじて受けます。討論の法王と深い関係になるのかも。説明はうまくいっても誰も実行しないとか、理屈は分かっていても動く気がしないとか条件がそろわない可能性もあります。「総合」は逆位置の恋人のカードが出ました。大アルカナです。気持ちを抑えた方がいいかもしれません。恋愛関係から大きな力が生まれることは間違いありません。大アルカナが3枚ですから、今までとは全く違った楽しみを見つける可能性があります。気持ちを抑えないといけないほど楽しいことです。

都合が悪くなったら金で解決できる

「プラス面」は逆位置の棒の王、過ちに厳格になります。厳しくしごかれることがプラスになります。ほとんどミスをしなくなるのでは。鍛えられて高いレベルに達します。器用でスパイ行為に成功します。「マイナス面」は正位置の剣の小姓、成功することがマイナスなので、うまく立ち回ることで立場が悪くなる危険性が。プラスに王がいます。目上の人の秘密を知って警戒されないように、ばかなふりをして相手を安心させるといいでしょう。「討論」は逆位置の金貨の4、全く無駄遣いをしません。金貨を頭の上に載せ、抱きかかえ、両足で踏んでいます。絶対に自分の金を出したくないと思っています。王と小姓が登場しているので、支払いは王に任せようとします。小姓はあなたに支払ってもらいたいでしょう。しかし、あなたは払うつもりはないようです。「解決」は逆位置の金貨の2、変化に対応することができます。2枚目の金貨です。金の動きが流動的です。立場が変わることで金銭問題が解決するのかも。状況に合わせて積極的に動き、受け身にならないように注意しましょう。自分から動けば相手をリードでき、全体をコントロールできます。「総合」は正位置の聖杯の7のカードが出ました。目の前に魅力的な物がたくさんあります。本当に必要な物が分からず、優柔不断になります。一つのことに集中できる感じではありません。金貨が2枚なので欲張りなのかも。マイナスの小姓が器用なので全部自分の物にできそうなのかもしれません。大アルカナは出ていないので、問題が生じて困ったという場面はないでしょう。仮に何かあった場合は金で解決できます。

心がけると良いこと

自分が落ち着いて過ごせる時間をつくろう

「プラス面」は正位置の剣の8、身動きが取れなくなります。動かない方がいいようです。良かれと思って動いても感謝されない場合があります。「マイナス面」は逆位置のつるされた男、大アルカナです。方向が違うようです。再検討しましょう。我慢しても報われません。つらいと感じることは時間がたっても慣れません。態度をがらりと変えることをお勧めします。苦痛を遠ざけて快楽を大切にしても非難されないでしょう。「討論」は正位置の金貨のエース、経済面に新たな動きが生じます。金でつながる人間関係が生じます。

新しい仕事に携わり利益を上げていく可能性があります。「解決」は正位置の棒の騎士、新しい冒険が始まります。思いがけない助っ人が現れるかもしれません。身動きがとれない状態がプラスなのでジレンマを感じながら現状を維持し、同時に方向が違うというマイナス面も自覚するといったバランス感覚を発揮するはずです。棒の騎士の登場は、この状態に揺さぶりをかけます。大きな意味を持つでしょう。行動力のある騎士の動きを目の当たりにして何が起きるか。「総合」は逆位置の聖杯の小姓のカードが出ました。やる気が失われます。行動力だけだと気持ちがついていかなくなるのでしょう。精神面を大切に考える必要があります。本当は状況に適応することを拒否したいのかも。初めから分かっている答えに向かって頑張りたくないのです。自分が安心できる状態、落ち着いて過ごせる時間をつくりましょう。

3月は派手な日々を送ることになるもよう

3月は「プラス面」に逆位置の星、大アルカナです。計画性が失われます。思い付きで行動した方がいいのかもしれません。「マイナス面」に正位置の剣の9、悲しいことがあるかもしれません。「討論」に正位置の剛毅、大アルカナです。勇気があります。何でもやろうとします。相手が目上の人でも気にしません。「解決」に正位置の戦車、大アルカナです。勝負に勝つでしょう。「総合」に逆位置の剣の8のカードが出ました。恐る恐る踏み出します。大アルカナが3枚です。派手な日々を送るでしょう。4月は「プラス面」に逆位置の剣の2、バランスを崩さないように注意しましょう。「マイナス面」に正位置の棒の王、情熱があります。話を受け流さず積極的に介入することができますがマイナスなので控えめにした方が相手に理解されやすいかもしれません。「討論」に逆位置の剣のエース、強制されて行動を開始します。「解決」に正位置の塔、大アルカナです。突然の出来事に驚くかもしれません。自分の意思ではありませんが無理やりやって驚くようなことがあるのかも。「総合」に正位置の剣の4のカードが出ました。一休みすることができます。

5月は「プラス面」に逆位置の金貨の6、偉そうな態度にならないように注意しましょう。「マイナス面」に正位置の世界、大アルカナです。完成します。「討論」に正位置の剣の女王、観察力が鋭くなります。「解決」に逆位置の運命の輪、大アルカナです。後戻りします。「総合」に正位置の棒の騎士のカードが出ました。新しい冒険が始まります。思いがけない助っ人が現れるかもしれません。

7月は女性が鍵になる大きな出来事が

6月は「プラス面」に逆位置の剣の小姓、うそがばれますが悪い結果にはならないようです。「マイナス面」に正位置の聖杯の4、一休みしたくなっても休まない方がいいかも。「討論」に正位置の聖杯の10、平和な状態です。「解決」に逆位置の棒の10、プレッシャーを処理することができます。言いがかりをつけてくる人が消えて疲労軽減。「総合」に逆位置の金貨のエースのカードが出ました。仕事に対する不満が生じるようです。

7月は「プラス面」に正位置の月、大アルカナです。重要なことが明らかにされません。「マイナス面」に逆位置の棒の女王、敵対する相手に対して情け容赦ない態度で接します。「討論」に逆位置の節制、大アルカナです。自分を抑え込みます。「解決」に正位置の聖杯の女王、相手に尽くします。「総合」に逆位置の正義のカードが出ました。大アルカナです。判断に迷うことがあるかも。私情を挟まず客観的に。不正が行われ信じるとばかを見ます。大アルカナ3枚と女王2枚。大きな力が働きます。女王のような女性が鍵になります。

8月は「プラス面」に逆位置の金貨の2、変化に対応することができます。「マイナス面」に逆位置の愚者、大アルカナです。いつもふざけている人が真剣な顔つきをしているので何か起きる予感がします。「討論」に逆位置の金貨の4、無駄遣いをしません。金銭を使わないと何も始まらないかも。「解決」に逆位置のつるされた男、大アルカナです。方向が違うようです。再検討しましょう。「総合」に正位置の棒の2のカードが出ました。考えをまとめて利害が一致する人を待っている状態です。プレゼンテーションの練習をしましょう。

疑いが強いと才能を発揮できないので注意

9月は「プラス面」に正位置の審判、大アルカナです。脱出できます。待ち望んでいた状態になり復活します。人に支配されなくなります。「マイナス面」に正位置の聖杯の7、本当に必要なものがまだ分からないので優柔不断になります。「討論」に正位置の剣の10、終了します。背中の傷に注意しましょう。「解決」に正位置の棒の9、肉体を使って自分のテリトリーを守ります。「総合」に逆位置の法王のカードが出ました。大アルカナです。鍵が外れるかもしれません。社交辞令を言った方がいいでしょう。10月は「プラス面」に正位置の聖杯の3、グループで楽しむでしょう。普段付き合いがなくても面倒ではありません。「マイナス面」に逆位置の金貨の王、拒まれると危険な面が出ます。「討論」に正位置の金貨の騎士、金銭問題の始まりか終わりです。「解決」に正位置の悪魔、大アルカナです。威圧感があり相手を圧倒します。自信を持って臨めば相手が折れるでしょう。「総合」に逆位置の棒の8のカードが出ました。勘違いに注意しましょう。11月は「プラス面」に正位置の棒の3、未来に期待することができます。「マイナス面」に逆位置の剣の5、敗北です。「討論」に逆位置の金貨の女王、疑いを持っています。「解決」に逆位置の魔術師、大アルカナです。才能と力がありますが集中できません。身の回りの整理をしましょう。必要な物だけ机の上に置いてください。「総合」に逆位置の太陽のカードが出ました。大アルカナです。成長が止まります。マイナス面の敗北が影響するのかもしれません。

悪い知らせがあるがプラスに変わる

12月は「プラス面」に逆位置の棒の小姓、悪い知らせがあるかもしれません。しかしプラスに変わります。「マイナス面」に正位置の皇帝、大アルカナです。圧倒的な権力を持つでしょう。「討論」に正位置の隠者、大アルカナです。良い知恵を得ます。「解決」に逆位置の聖杯の8、物質を得ても心は満たされないかもしれません。「総合」に正位置の聖杯の王のカードが出ました。きちんと責任を取ることができます。1月は「プラス面」に正位置の女帝、大アルカナです。豊かな恵みがもたらされます。「マイナス面」に正位置の剣の7、気まぐれです。気まぐれでやったことが意外な結果をもたらすかも。「討論」に逆位置の聖杯のエース、本心を隠して言いません。「解決」に逆位置の正義、大アルカナです。判断に迷うことがあるかも。私情を挟まず客観的に。不正が行われ信じるとばかを見ます。「総合」に逆位置の金貨の2のカードが出ました。変化に対応することができます。2月は「プラス面」に正位置の聖杯のエース、優しさにあふれています。食器を新調すると良い流れが生じるかも。「マイナス面」に逆位置の正義、大アルカナです。厳しさがなく判断に迷うことがあるかも。私情を挟まず客観的に考えましょう。「討論」に正位置の棒の7、騒動に対処することになるかもしれません。有利なポジションを失わないように注意しましょう。「解決」に逆位置の金貨の王、拒まれると危険な面が出ます。「総合」に逆位置の聖杯の2のカードが出ました。コミュニケーション不足です。口を利きたくない人がいて障害になるかもしれません。——

7月

生まれの

運勢

いつもの雰囲気で全て無意識に対処できる

「プラス面」は逆位置の剣の9、悲しみが終わって、その後どうするかを話し合うような場面がありそうです。終わることがプラスなので競い合うことから解放されるのかもしれません。「マイナス面」は逆位置の剣の10、全てが終わりけない提案や条件を示される可能性があります。「総合」は正位置の金貨の5のカードが出ました。大金を動かさない方が金欠です。大金を動かさない方がいいでしょう。というよりも関係を終わらせると金に困るという意味でしょう。それはまずいので、ずる賢くなるわけで、剣と聖杯が2枚、金貨が1枚で棒が1枚も出ていません。恐らく行動はしない

ます。マイナスなので完全に関係がなくなるのは良くないのかも。不本意かもしれませんが連絡の余地を残したような終わり方をした方がいいでしょう。「討論」は逆位置の聖杯の王、ずる賢い面が出ます。聖杯なので恋愛関係が考えられます。別れた後も会うことになるのかも。なぜでしょうか。「解

決」は正位置の聖杯の7、本当にすることです。行動とは積極的に選択必要なものがまだ分からないので優柔不断になります。目の前に魅力的な物が並んでいて迷っているは嫌かもしれませんが金欠よりまは嫌かもしれませんが金欠よります。現実的に考えて、いい人状態です。悲しみが終わって話し合うことがプラスなので、思いがぶらないように注意しましょう。

でしょう。行動とは積極的に選択することです。迷ったときは決断しない方が賢明です。ずる賢いの人は嫌かもしれませんが金欠よります。現実的に考えて、いい人ぶらないように注意しましょう。大アルカナは出なかったので実際は大した影響はなく、いつもの雰囲気で、全て無意識に対処できることかもしれません。

楽しみにすると良いこと

よく知っている場所で自分を深められる

「プラス面」は逆位置の聖杯の小姓、やる気が失われます。プラスなのでやる気がなくても問題ありません。無理せずに休んで英気を養った方が。「マイナス面」は正位置の棒の2、考えをまとめて利害が一致する人を待っている状態です。マイナスなので待たずに自分から行動した方がいいのかも。協力者が必要な場合は1人で実行した方がいいでしょう。やる気が失われても自分のペースで進められます。「討論」は正位置の悪魔、大アルカナです。威圧感があり相手を圧倒します。自信を持って臨めば相手が折れます。誰も抵抗できないような魅力を持っています。交渉で力を発揮。感覚的に相手をコントロールすることができます。「解決」は正位置の女司祭長、大アルカナです。知恵を授かります。討論で悪魔的な力を発揮しますが女司祭長の知識が源なのかもしれません。勉強が苦にならないようです。知識が増えると自分の力になります。「知は力なり」※フランシス・ベーコン(1561~1626年)の言葉。「総合」は逆位置の運命の輪のカードが出ました。大アルカナです。後戻りします。楽しみにすると良いことは未知の世界ではなく、自分がよく知っている場所にあるようです。一度通過した場所から離れたくないという気持ちがあるのかも。それでやる気が失われるという流れが生じるのなら、無理に新しいことを始めない方が。同じ所を行ったり来たりしても発見があります。討論の悪魔は広く浅い関係を軽蔑します。深く追求する態度は女司祭長にも通じるものがあります。――

※フランシス・ベーコンは収賄で失脚し学問に没頭。ウィリアム・シェークスピア(1564~1616年)と同一人物説あり。ヒトゴロシにもイロイロある。

孤独でも何とも思わなくなるもよう

「プラス面」は逆位置の剣の6、場の雰囲気が悪くなったら逃げることができます。無理にとどまることはありません。嫌なら場所を変えましょう。「マイナス面」は逆位置の魔術師、大アルカナです。才能と力がありますが集中できません。身の回りの整理をしましょう。必要な物だけ机の上に置いてください。逃げる準備などがあり落ち着いて取り組める状態ではないのかも。一体何が原因でしょうか。「討論」は正位置の剣の2、平和な状態になります。行動して正解のようです。動いたおかげで状態を変えることができます。「解決」は逆位置の棒の9、必要以上に警戒しています。過剰に反応して悪く考えないように注意しましょう。警戒する相手に心当たりがあれば、気にすることはないという意味で終わりです。心当たりがない場合は、原因不明の緊張感でリラックスできないときがあるかもしれません。「総合」は正位置の聖杯の5のカードが出ました。孤独を感じる瞬間があります。同じ意見の人を見つけましょう。警戒心が自分を孤独にします。嫌な思いをさせられて警戒するのかも。嫌な思いが何だったのかを思い出せるでしょうか。思い出したくない状態だと傷は深いです。まだ向き合うことができません。できれば言葉にして気持ちを整理しましょう。そうすれば魔術師が使用する魔術の道具を自分の武器にすることができるはずです。棒は仕返し、金貨は金、聖杯は色恋、剣は身の危険。何が起きても対応できます。孤独でも何とも思わなくなるでしょう。

別の世界の人と関係を持つと納得できる

「プラス面」は正位置の皇帝、大アルカナです。圧倒的な権力を持つでしょう。影響力がプラスに働くので期待が大きく膨らみます。「マイナス面」は正位置の棒の女王、何かを育てることを否定的に捉えているかもしれません。面倒を見ることが嫌なのかも。自分中心で自分以外のことには力を使いたくないのでしょう。「討論」は正位置の棒の騎士、新しい冒険が始まります。思いがけない助っ人が現れるかもしれません。恐らくマイナスの棒の女王は体力的に相当大変な状況なのかも。棒の騎士が支えてくれるので、ひとまず安心できます。「解決」は逆位置の聖杯の8、物質を得ても心は満たされないかもしれません。体力面は棒の騎士をあてにできますが精神面が求めているものは自分で探しに出かけることになります。皇帝がプラス、棒の騎士が討論なので、知らない人にどんどん会うといいかも。全く人見知りしないので自己アピールも滑らかです。「総合」は正位置の法王のカードが出ました。大アルカナです。伝統と格式を重んじると守ってもらえます。逆位置の聖杯の8の精神面の不満は法王の権威に触れることで解決するのでは。目上の人との関係が重要になります。皇帝、女王、騎士、法王と人に取り囲まれており、登場人物が多い印象です。しかし、それで心が満たされないとなると日常生活には関係ない、別の世界の人を求めている可能性があります。違う組織に属する人や知らない場所から来た人に興味を持つようになるのかもしれません。――

悪い知らせがあったら体調を整えよう

3月は「プラス面」に逆位置の金貨の8、浮足立っています。準備が中途半端ですがプラスなので、計画しているときが楽しい状態かも。「マイナス面」に正位置の金貨の4、けちくさいと思われないほうがいいかも。「討論」に逆位置の棒の小姓、悪い知らせがあるかもしれません。体調を整えましょう。「解決」に正位置の剣の小姓、器用でスパイ行為に成功します。「総合」に逆位置の聖杯の女王のカードが出ました。ひねくれた面が出ます。小姓が2枚と女王が1枚、若年の関係者と金銭を巡って何かあるかも。ひねくれた考え方で勝ち目はあります。4月は「プラス面」に逆位置の剣の3、何かが心に突き刺さります。距離を置くようになるかも。「マイナス面」に正位置の女帝、大アルカナです。豊かな恵みがもたらされますがマイナスに作用します。「討論」に逆位置の剣の騎士、問題に対処する準備ができます。「解決」に逆位置の聖杯のエース、本心を隠して言いません。「総合」に正位置の金貨のエースのカードが出ました。経済面に新たな動きが生じます。5月は「プラス面」に正位置の剣の王、企画力があります。アイデアがどんどん湧いてきます。「マイナス面」に正位置の聖杯の騎士、楽しみを知ることができます。夢中になり過ぎないように注意しましょう。「討論」に逆位置の聖杯の3、真面目な場面でもグループで楽しむような展開になりそうです。「解決」に正位置の聖杯の4、一休みできます。「総合」に正位置の節制のカードが出ました。大アルカナです。無理することがなく人に対して礼儀正しく接します。全てが良い方向に進みます。

勘違いしても知らぬが仏で金もうけに徹する

6月は「プラス面」に逆位置の棒の8、勘違いしますがプラスなので知らぬが仏です。「マイナス面」に逆位置の金貨の王、拒まれると危険な面が出ます。マイナス「討論」に逆位置の金貨の9、豪華に見えるのは表面だけかもしれません。「解決」に正位置の金貨の騎士、金銭問題の始まりか終わりです。「総合」に正位置の剣の8のカードが出ました。身動きが取れなくなります。聖杯が1枚もなく金貨が3枚。金もうけに徹し心が生じます。7月は「プラス面」に逆位置の聖杯の6、おだてられます。良い人を演じるとプラスになります。

す。「マイナス面」に正位置のつるされた男、大アルカナです。苦しいかもしれません。耐えるとマイナスなので放棄しましょう。「討論」に正位置の棒の6、勝者になるかも。「討論」に正位置の金貨の7、周囲に不満をぶつけるかりとした気分で過ごせます。「解決」に正位置の金貨の小姓、金銭に関する良い知らせがありそうです。「総合」に正位置の愚者のカードが出ました。大アルカナです。「総合」に正位置の棒の4、怠け夢を見ている状態です。8月は「プラス面」に逆位置の棒の4、怠け嫌になってしまいます。規則正しい生活がプラスなので真面目になる必要はありませ

ん。「マイナス面」に正位置の棒の7、混乱します。「マイナス面」に逆位置の棒の7、混乱します。怠けていて対処できないのなら落ち着いて取り組めるように環境を整えることになるかも。「討論」に正位置の金貨の7、周囲に不満をぶつけるか。「解決」に逆位置の聖杯の10、退屈に感じてもプラスの部分があるので現状を維持しましょう。「総合」に正位置の棒の10のカードが出ました。やり過ぎます。自分の力を過信する傾向。思い込むと何でもできるのかもしれません。

11月は毎日はらはらどきどきするかも

9月は「プラス面」に逆位置の世界、大アルカナです。完璧を目指しますが邪魔が入ります。完成しない方が好都合です。「マイナス面」に正位置の剣の4、一休みすることができますが休まない方がいいかも。「討論」に逆位置の聖杯の2、コミュニケーション不足です。口を利きたくない人がいて障害になります。「解決」に逆位置の剣の女王、信頼できません。裏切られる危険性があります。「総合」に逆位置の審判のカードが出ました。大アルカナです。まだ脱出できません。他人の支配を甘んじて受けます。10月は「プラス面」に逆位置の金貨の2、変化に対応することができます。「マイナス面」に逆位置の剣のエース、強制されて行動を開始します。無理は禁物です。「討論」に逆位置の恋人、大アルカナです。気持ちを抑えた方がいいかもしれません。感情的になると疲れます。「解決」に正位置の金貨の9、明るい未来が待っています。「総合」に正位置の正義のカードが出ました。大アルカナです。いろいろあっても解決と総合が良いカードです。心配いりません。11月は「プラス面」に逆位置の隠者、大アルカナです。耳をふさいで人の話を聞きません。他人の意見は無視。「マイナス面」に正位置の塔、大アルカナです。突然の出来事に驚くかも。心の準備があれば大丈夫です。「討論」に正位置の月、大アルカナです。重要なことが明らかにされません。自分の時間を失わずに済むのかも。「解決」に逆位置の金貨の6、偉そうな態度にならないように注意。「総合」に正位置の戦車のカードが出ました。大アルカナです。勝負に勝つようです。大アルカナが4枚です。はらはらどきどきするかもしれませんが戦車は正位置です。何も怖くありません。

リスクを負いたくなくても攻めよう

12月は「プラス面」に正位置の聖杯の5、孤独を感じる瞬間がありますがプラスに働くので受け入れましょう。あっさりとした態度で。「マイナス面」に正位置の金貨の女王、安全第一です。リスクを負いたくないかもしれませんがマイナスなので慎重な行動は損かも。「討論」に正位置の剣のエース、勝利に向けて意気込んでいます。「解決」に逆位置の愚者、大アルカナです。いつもふざけている人が真剣な顔つきをしているので何か起きる予感がします。「総合」に逆位置の聖杯の2のカードが出ました。コミュニケーション不足です。口を利きたくない人がいて障害になるかもしれません。1月は「プラス面」に逆位置の聖杯の10、退屈かもしれませんがプラスの部分があるので現状を維持しましょう。「マイナス面」に逆位置の金貨の3、意見が対立します。「討論」に逆位置の戦車、大アルカナです。むちゃをします。乱暴なやり方をして信用をなくさないようにしましょう。「解決」に逆位置の星、大アルカナです。計画性が失われます。討論で戦車がひっくり返っているので興奮状態です。「総合」に正位置の聖杯のエースのカードが出ました。優しさが戻ってきます。プラスが聖杯の10なので一巡して落ち着くのかも。2月は「プラス面」に正位置の法王、大アルカナです。伝統と格式を重んじると守ってもらえます。「マイナス面」に正位置の金貨のエース、経済面に新たな動きが生じます。「討論」に正位置の世界、大アルカナです。完成します。「解決」に逆位置の金貨の6、偉そうな態度にならないように注意しましょう。「総合」に逆位置の棒の9のカードが出ました。必要以上に警戒しています。

8月
生まれの
運勢

情熱を金銭関係に向かわせる必要がある

「プラス面」は正位置の金貨の3、伝統を大切にしましょう。勝手にやり方を変えない方がいいでしょう。「マイナス面」は逆位置の金貨の10、日常に変化が少なく退屈になるでしょう。伝統を大切にすることはプラスですが現実には退屈で我慢を強いられるのかも。プラスもマイナスも金貨なので経済活動が中心になるでしょう。「討論」は正位置の棒の王、情熱があります。どんな話も受け流さずに積極的に介入するようです。プラスになる金銭関係もマイナスになる金銭関係にも自分から関わります。「解決」は正位置の剣の7、気まぐれです。棒の王の情熱がありますが案外薄情なのかも。押して駄目なときは引くことができます。友情などは信じないでしょう。裏切られるリスクを考えると現金で解決した方が楽だと考えるのかも。「総合」は逆位置の星のカードが出ました。大アルカナです。計画性が失われます。思い付きで行動した方がいいのかもしれません。気まぐれを肯定的に捉えて問題なさそうです。計画性が失われるというのは予算の都合かも。聖杯が1枚も出なかったので感情的になることはなく、機械的に物事をこなしていくでしょう。恋愛関係に大きな出来事はないと思われますが、逆位置の金貨の10がマイナスで退屈、剣の7の気まぐれと逆位置の星の計画性のなさが、浮気のような将来性のない展開を示しています。そのような雰囲気になった場合、棒の王がいるので自分を抑えるのは難しいでしょう。棒の王の情熱を何としても金銭関係に向かわせる必要があります。

物を作ることが楽しみになるかもしれない

「プラス面」は正位置の魔術師、大アルカナです。簡単に新しい物を作り出すことができます。物を作ることが楽しみになるでしょう。「マイナス面」は逆位置の聖杯の5、孤独の時期は終わります。立ち上がろうとしますがマイナスなので1人の時間を失わない方がいいかも。物を作ることは共同作業ではなく単独がいいでしょう。「討論」は逆位置の聖杯の7、妄想が激しくなります。計画はシンプルなものではなく取り組むべきことが多岐にわたります。聖杯の7なので恋愛対象が複数現れて、逆位置なので選択できない可能性がありま

す。「解決」は逆位置の金貨の6、偉そうな態度にならないように注意しましょう。自分の力を使って人のために行動することができます。人のためになる物を作り出すのかも。恩着せがましくならなければポジションを築いて利益を得ることができます。しかし利益を得ても自分のためには使わないようです。「総合」は正位置の剣の女王のカードが出ました。観察力が鋭くなります。人に対する厳しさが必要な立場になるのかも。プラスの魔術師はどうやって作ったのか誰にも分からないような物を創造する人です。アイデアを人に

話さない方がいいでしょう。1人で考える時間が増えた結果、妄想が激しくなり、人のために行動するという流れを考えると、人のうわさ話やトラブルが好きで情報を買い、観察することが喜びになるという解釈もできます。棒が1枚も出なかったので肉体を使うことには興味はないのかも。聖杯が2枚なので心の中で盛り上がるでしょう。

注意するべきこと

明るい未来に変わりなく注意することはない

「プラス面」は正位置の皇帝、大アルカナです。圧倒的な権力を持つでしょう。注意することはないようにみえます。「マイナス面」は逆位置の剣の4、行動を再開します。しかしマイナスなので行動しない方がいいかも。どっしりと構えていればマイナスになりません。「討論」は逆位置の太陽、大アルカナです。成長が止まります。太陽が沈んだ後は意見を言っても聞き入れてもらえないので間違わずに。自分のペースを崩さず周囲と足並みをそろえないのかも。恐らく自分は特別の存在だという意識があります。それがプラスになっていますが人間関係では通用しないときもあるのでしょう。そうなると進歩をやめてしまうようです。具体的に敵は登場するのでしょうか。「解決」は逆位置の聖杯の3、グループで楽しむでしょう。まだ敵は現れません。行き詰ったらグループ行動をお勧めします。流れを変えるきっかけになります。複数の相手と交際してもトラブルにはならないかも。「総合」は正位置の金貨の9のカードが出ました。最後まで敵は現れません。明るい未来が待っています。経済的に恵まれるので金の心配はありません。注意することは特になさそうです。行動を再開しない方がいい、逆位置の太陽で進歩をやめる意味は何でしょうか。恐らく金に困らないので夜遊びが盛んになると思われます。進歩をやめるので相手は気を使わなくていい、年下の人たちが考えられます。仮に派手に遊んだとしても明るい未来に変わりはないでしょう。

長居せずに終わったらすぐに帰ろう

「プラス面」は逆位置の剣の2、バランスを崩さないように注意しましょう。二つのことを両立させています。「マイナス面」は逆位置の金貨の7、アイデアがひらめきます。マイナスなのでいろいろなことを思い付いて集中できなくなるかも。「討論」は正位置の剣の6、旅立ちます。場所を離れましょう。話し合っても無駄かもしれません。長居は無用です。終わったらすぐに帰ると余計なことに巻き込まれません。「解決」は逆位置の金貨の5、費用を負担することになりそうです。なぜでしょうか。討論の剣の6は話し合っても時間の無駄と思っています。時間を無駄にするくらいなら金を払った方がましなのです。それくらい時間がない生活を送っています。恐らくプラスの二つのことの両立が足を引っ張っています。両立することがプラスなので忙しくてもやめられないと思われます。相当なうまみがあるのでしょう。「総合」は正位置の金貨の8のカードが出ました。真面目に修行します。技術を身に付けて自分の価値を上げることができます。時間がない理由は修行で忙しいというのもありそうです。自分を高めることに熱心です。大アルカナは1枚もないので特に何かを心がけなくても大したことは起きないでしょう。しかし剣が2枚、金貨が3枚で棒と聖杯が1枚も出ませんでした。仕返しや色恋に関する動きはないでしょう。剣と金貨は身代金を連想させます。いざというときは現金が役立ちそうなので少額でもかばんに入れておくと役立つかもしれません。

思い切って何でもやってみた方がいい

3月は「プラス面」に正位置の剣の騎士、勢いが出ます。絶え間なく要求を出し続けると実現するかもしれません。「マイナス面」に逆位置の棒の8、勘違いに注意しましょう。「討論」に逆位置の聖杯の4、考えがまとまり腰を上げます。「解決」に正位置の聖杯の女王、相手に尽くします。「総合」に正位置の棒の小姓のカードが出ました。良い知らせがあるかもしれません。金貨が1枚も出ませんでした。金銭関係に動きはないようです。4月は「プラス面」に逆位置の剣の10、全てが終わります。「マイナス面」に正位置の剣の8、相手は時間稼ぎをします。あなたは身動きが取れなくなるかも。終わったと思っても終わらないのかも。「討論」に正位置の剣の7、気まぐれです。気まぐれでやったことが意外な結果をもたらします。「解決」に正位置の棒の3、未来に期待することができます。「総合」に逆位置の死神のカードが出ました。大アルカナです。生まれ変わるような変化はまだ訪れません。5月は「プラス面」に正位置の棒のエース、現状に満足しません。新しいことに挑戦するでしょう。アイデアが湧きます。「マイナス面」に逆位置の剛毅、大アルカナです。力不足です。虚勢を張ってしまうかも。われを失わないようにしましょう。「討論」に逆位置の棒の5、けんかになるかも。「解決」に逆位置の剣の5、敗北です。「総合」に正位置の太陽のカードが出ました。大アルカナです。考えが実現します。けんかで負けても影響ありません。自分の考えは間違っていません。途中で力不足を感じたり実際に敗北するかもしれませんが最終的に笑うことができます。思い切って何でもやってみましょう。

相手は思ったより悪い態度ではない

6月は「プラス面」に逆位置の法王、大アルカナです。鍵が外れるかもしれません。それによって利益を得ることができます。7月は「プラス面」に逆位置の節制、大アルカナです。自分を抑え込みで心配することはないでしょう。「マイナス面」に正位置の聖杯の王、聖杯の9、満ち足りています。ですがマイナスなので適当でいいかも。「討論」に逆位置の世界、大アルカナです。完璧を目指しますが邪魔が入るかもしれません。「解決」に逆位置の金貨のエース、仕事に対する不満が生じるようです。「総合」に正位置の剛毅のカードが出ました。大アルカナです。勇

気があります。何でもやろうとします。大アルカナが3枚です。大きな力に動かされるでしょう。8月は「プラス面」に正位置の恋人、大アルカナです。楽しいことが見つかります。「マイナス面」に正位置の剣の9、悲しいことがあるかもしれません。「討論」に逆位置のつるされた男、大アルカナです。方向が違うかもしれません。「解決」に逆位置の運命の輪、大アルカナです。後戻りします。「解決」に逆位置の聖杯の8、物質を得ても心は満たされないかもしれません。「総合」に正位置の棒の王のカードが出ました。情熱があります。話を受け流さずに積極的に介入するこ

とで立場が良くなるでしょう。8月は「プラス面」に正位置の恋人、大アルカナです。楽しいことが見つかります。「マイナス面」に正位置の剣の9、悲しいことがある
かもしれません。「討論」に逆位置のつるされた男、大アルカナです。方向が違うかもしれません。再検討しましょう。「解決」に逆位置の棒のエース、冒険が困難に直面します。「総合」に正位置の棒の2のカードが出ました。考えをまとめて利害が一致する人を待っている状態です。プレゼンテーションの練習をしましょう。——

嫉妬しやすいので視点を変えた方がいい

9月は「プラス面」に逆位置の棒の騎士、嫉妬心に注意が必要です。視点を変えましょう。「マイナス面」に正位置の剣の王、企画力があります。アイデアがどんどん湧いてきます。「討論」に正位置の女司祭長、大アルカナです。知恵を授かります。飾り立てずシンプルな美しさを追求するでしょう。「解決」に逆位置の聖杯の小姓、やる気が失われます。「総合」に逆位置の月のカードが出ました。大アルカナです。不安が表情に出て薄気味悪い印象を与えます。10月は「プラス面」に逆位置の棒の女王、敵対する相手に対して情け容赦ない態度で接します。「マイナス面」に逆位置の金貨の女王、疑いを持っています。「討論」に逆位置の女帝、大アルカナです。浪費します。だらしない面が出てしまうかも。「解決」に正位置の棒の9、肉体を使って自分のテリトリーを守ります。頭のけがに注意してください。「総合」に正位置の悪魔のカードが出ました。大アルカナです。威圧感があり相手を圧倒します。自信を持って臨めば相手が折れるでしょう。女王2枚と女帝が、いずれも逆位置です。女性にうかつなことを言うと命取りになります。大金を払うことになるかも。11月は「プラス面」に正位置の審判、大アルカナです。脱出できます。待ち望んでいた状態になり復活します。人に支配されなくなります。「マイナス面」に正位置の金貨の3、伝統を大切にしましょう。勝手にやり方を変えない方がいいでしょう。「討論」に正位置の聖杯の10、平和な状態です。「解決」に逆位置の金貨の10、日常に変化が少なく退屈になるでしょう。「総合」に正位置の聖杯の騎士のカードが出ました。楽しみを知ることができます。恋愛関係に期待できます。

人とのコミュニケーションが楽しくなる

12月は「プラス面」に正位置の聖杯の2、人とのコミュニケーションが楽しくなります。「マイナス面」に正位置の棒の4、安定しています。安定せずに動いた方がいいのかも。「討論」に正位置の棒の6、勝者になります。やることをやってすっきりとした気分で過ごせます。「解決」に正位置の正義、大アルカナです。信用できない人と行動することになっても正しく判断することができ、自分を見失うことはないでしょう。「総合」に正位置の隠者のカードが出ました。大アルカナです。秘密を教えてくれる人が現れるかも。1

月は「プラス面」に逆位置の金貨の4、全く無駄遣いをしないでしょう。「マイナス面」に逆位置の剣の小姓、うそがばれます。できるだけうそはつかない方が。「討論」に正位置の剣のエース、勝利に向けて意気込んでいます。「解決」に正位置の金貨の小姓、金銭に関する良い知らせがありそうです。「総合」に正位置の戦車のカードが出ました。大アルカナです。金貨と剣が2枚ずつ、総合は戦車。争いに勝つと思われます。金銭的な勝負に勝つでしょう。金貨と剣が2枚ずつ、総合は戦車。争いに勝つと思われます。金銭的な勝負に勝つでしょう。棒と聖杯がないので活動は停止、恋愛関係にも特に動きはありません。2

月は「プラス面」に逆位置の金貨5、敵を挑発するかも。けんかをした方がいいようです。「マイナス面」に逆位置の棒の10、プレッシャーを処理することができます。「討論」に正位置の剣の3、言いがかりをつけてくる人が消えて疲労が軽減します。「討論」に逆位置の聖杯のエース、本心を隠して言いません。「解決」に正位置の金貨の騎士、金銭問題の始まりか終わりです。「総合」に逆位置の剣の3のカードが出ました。何かが心に突き刺さります。──

9月 生まれの運勢

価値観の違う相手を利用することになる

「プラス面」は逆位置の金貨の3、意見が対立します。プラスなので遠慮する必要はありません。金貨ですから感情的に相手を否定したいのではなく利益を増やすためにと提言します。ということは価値観の違う相手に関わる可能性があります。「マイナス面」は逆位置の審判、大アルカナです。まだ脱出できません。他人の支配を甘んじて受けます。意見がうまく相手に伝わらないのかも。相手に注意が必要です。人の意見を受け入れる相手ではないようです。間違った情報にも注意しましょう。「討論」は正位置の棒の7、騒動に対処することになるかもしれません。有利なポジションを失わないように行動しましょう。意見が対立し意図しない方向に進んだり、思ったより大きな動きに発展したりするのかも。積極的に動くことができます。「解決」は正位置の剣の王、企画力があります。アイデアがどんどん湧いてきます。うまくいかない相手にこだわる必要はないようです。駄目なら相手はほかにいくらでもいるといった状態です。「総合」は逆位置の恋人のカードが出ました。大アルカナです。これは良くない関係に陥る危険性があります。意見が対立し、逆位置の審判で正しく評価されず、騒動に対応する一方、剣の王はあくまでも強気です。いろいろなものを断ち切る強さがあります。頭脳明晰で何でも考えることができるので怖い物がないと思われます。関係が破局に向かっても特に気にしないかも。恐らく意見の対立がプラスなので人間関係よりも利益を選ぶということなのかもしれません。悪者になっても利益を選ぶでしょう。

金融商品に興味を持つかもしれません

「プラス面」は逆位置の女帝、大アルカナです。浪費します。だらしない面が出てしまうかも。それがプラスなので浪費しても、だらしなくても悪い影響はありません。「マイナス面」は逆位置の聖杯の5、孤独の時期は終わります。立ち上がろうとします。立ち上がるとマイナスなので孤独のままの方が都合がいいのかもしれません。「討論」は逆位置の金貨の2、変化に対応することができます。だらしないおかげで多少何かあっても調子が狂ったり、やり直さなければならなかったりといったことがないようです。「解決」は正位置の棒の4、安定しています。大きく構えています。逆位置の女帝が強い力を発揮するようです。「総合」は正位置の皇帝のカードが出ました。大アルカナです。圧倒的な権力を持つでしょう。女帝と皇帝で欲しい物は全部手に入るのではないでしょうか。剣が1枚もないので身の危険を感じながら勝ち取るという性質のものではありません。当然のこととして自分の力を周囲に示すことができ、それが楽しみになるようです。孤独をやめるとマイナスというのは皇帝が不在の方が女帝には楽しみが多いということでしょう。変化に対応できるのでトラブルがあっても皇帝にばれません。皇帝の力を借りなくても自分で対処できます。権力欲が満たされて安定した状態を保つことができるでしょう。皇帝と楽しみを共有するつもりはなく、単独で変化に対応、金貨ということは金融商品に興味を持つのかも。浪費するようなのでぎりぎりの運用はお勧めできませんが。

計画通りに進まなくても時間が解決する

「プラス面」は逆位置の剣の5、敗北です。プラスですから負けた方が現実的には良い、やめられて良かったという話かも。「マイナス面」は正位置の棒の7、騒動に対処することになるかもしれません。有利なポジションを失わないように注意しましょう。騒動に対処すると長引くのかも。対処すると長引くうことです。対処すると長引くのかも。「討論」は正位置の聖杯の6、素直な状態です。抵抗せずに黙って話を聞いていれば良いようです。「解決」は逆位置の塔、大アルカナです。来るべきものが来たと感

じます。覚悟はできています。自分が望むことを相手は言わないでしょう。話を大げさに吹聴するかもしれません。嫌な思いをさせられますが時間の経過とともに被害者意識は薄れ出来事を冷静に分析できるようになります。金貨は1枚も出ていないので金銭的な損失はないようです。「総合」は逆位置の星のカードが出ました。大アルカナです。計画性が失われます。計画性が失われるのはなぜでしょうか。気に入らないことが起きた場合は計画通りに進まなくても時間が解決します。

処するとマイナスなので打ち切ってしまえ、関係を終わらせろというレンカナです。計画性が失われます。大アルカナです。計画性が失われます。子供の頃の記憶が心の支えになるのかも。人間関係が良いのでコミュニケーション力を発揮

して問題を乗り越えていくでしょう。注意すべきことは敗北したからといって諦めないことです。敗北してもプラスに転じます。素直な精神状態なので心が傷つきやすいかも。作戦なしで無防備に相手に会って話さない方がいいでしょう。計画性が失われるのはなぜでしょうか。解決の逆位置の塔のせいです。気に入らないことが起きた場合は計画通りに進まなくても時間が解決します。

生まれ変わるような変化はまだ

「プラス面」は逆位置の死神、大アルカナです。生まれ変わるような変化はまだ訪れません。最終的には生まれ変わるのかもしれません。価値観が変わり、使う言葉が変わり、徐々に表情や雰囲気に表れます。何かの影響を受けています。「マイナス面」は逆位置の棒の3、思い上がっています。本音が出ないように注意しましょう。自分にかなり自信があります。逆位置の死神がプラスなので誰もあなたと競争しようとは思わないでしょう。「討論」は正位置の金貨の2、変化に対応することができます。器用です。何が起きても大丈夫です。判断を誤ることはないでしょう。「解決」は正位置の愚者、大アルカナです。夢を見ている状態です。恐れがなく期待に満ちています。何にでも挑戦しようとするでしょう。心がけることは夢を見ることができるような相当なチャンスがありそうなので前向きに考えることです。器用なのでむちゃな話でも都合をつけることができます。「総合」は正位置の金貨の王のカードが出ました。本当のことを言われても怒りません。経済的な余裕があり、相手を見下すでしょう。本音を言うと驚かれて味方がいなくなるので建前を言って常識的に振る舞いましょう。大アルカナと金貨が2枚で棒が1枚なので奪われた物を取り返すことができます。剣がないので身の危険を感じることはありません。聖杯もないので色恋は心がけても目立った動きはないでしょう。となると逆位置の死神は何の影響なのでしょうか。恐らく金銭関係です。金で人が変わるという状態になるのかもしれません。

目上の人は嫌で若い人と一緒にいると楽

3月は「プラス面」に逆位置の運命の輪、大アルカナです。後戻りします。急がない方がプラスです。「マイナス面」に正位置の聖杯の騎士、楽しみを知ることができます。遊びを覚えて生活が乱れるのかもしれません。「討論」に正位置の聖杯の王、きちんと責任を取ることができます。責任問題になった場合、堂々と受けて立ちます。逃げません。「解決」に逆位置の棒の6、上辺だけの関係です。深入りしない方が。「総合」に逆位置の正義のカードが出ました。大アルカナです。判断に迷うことがあるかも。私情を挟まず客観的に。不正が行われ信じるとばかを見る危険性があります。4月は「プラス面」に逆位置の剣の7、当てが外れます。「マイナス面」に正位置の剣の9、悲しいことがあるかもしれません。「討論」に逆位置の金貨の女王、疑いを持っています。「解決」に正位置の金貨の7、不満を感じています。「総合」に正位置の太陽のカードが出ました。大アルカナです。考えが実現します。5月は「プラス面」に逆位置の棒の小姓、悪い知らせがあるかもしれません。しかしプラスに変わります。「マイナス面」に逆位置の金貨の小姓、浪費します。プラスもマイナスも小姓です。若い人に甘い顔をすると振り回されるかも。「討論」に正位置の棒の10、やり過ぎます。出しゃばるようです。逆位置の小姓はコントロールしやすいのかも。「解決」に逆位置の棒のエース、冒険が困難に直面します。「総合」に逆位置の隠者のカードが出ました。大アルカナです。耳をふさいで人の話を聞きません。目上の人とは関わりたくなくて若い人と一緒にいると楽なのでしょう。

6月はけがに注意した方がいいかも

6月は「プラス面」に正位置の剛毅、大アルカナです。勇気があります。何でもやろうとします。「マイナス面」に逆位置の世界、大アルカナです。完璧を目指しますが邪魔が入るかもしれません。「討論」に正位置の剣の8、身動きが取れなくなります。マイナスが大アルカナなのでけがに注意しましょう。「解決」に逆位置の節制、大アルカナです。自分を抑え込みます。度量が大きく発散しなくても大丈夫なのかも。「総合」に正位置の棒の2のカードが出ました。考えをまとめて利害が一致する人を待っている状態です。プレゼンテーションの練習をしましょう。

7月は「プラス面」に逆位置の金貨の10、日常に変化が少なく退屈になるでしょう。「マイナス面」に逆位置のつるされた男、大アルカナです。方向が違うかもしれません。再検討しましょう。「討論」に逆位置の魔術師、大アルカナです。才能と力がありますが集中できません。身の回りの整理をしましょう。必要な物だけ机の上に置いてください。「解決」に逆位置の聖杯のエース、本心を隠して言いません。「総合」に正位置の金貨の9のカードが出ました。明るい未来が待っています。8月は「プラス面」に正位置の法王、大アルカナです。伝統と格式を重んじると守ってもらえます。「マイナス面」に正位置の棒の3、未来に期待することができます。「討論」に正位置の愚者、大アルカナです。夢を見ている状態です。「解決」に正位置の金貨のエース、経済面に新たな動きが生じます。「総合」に正位置の聖杯の8のカードが出ました。満足できず立ち去ります。

身の危険を感じることがあっても突き進む

9月は「プラス面」に逆位置の剣の3、何かが心に突き刺さります。その結果得る物があるのかも。「マイナス面」に正位置の女司祭長、大アルカナです。知恵を授かります。自慢しないように注意しましょう。「討論」に正位置の剣の小姓、器用でスパイ行為に成功します。「解決」に正位置の剣のエース、勝利に向けて意気込んでいます。「総合」に逆位置の棒の騎士のカードが出ました。嫉妬心に注意が必要です。視点を変えましょう。聖杯と金貨は1枚もなく剣が3枚出ました。身の危険を感じることがありそうですが突き進むでしょう。10月は「プラス面」に逆位置の聖杯の3、グループで楽しみます。自分から誘ってもいいかも。「マイナス面」に逆位置の金貨の5、費用を負担することになりそうです。「討論」に逆位置の棒の5、けんかをする可能性。「解決」に逆位置の悪魔、大アルカナです。まだ決心できません。「総合」に正位置の金貨の8のカードが出ました。真面目に修行します。技術を身に付けて自分の価値を上げることができます。金銭関係か仕事で結構な動きがありそうです。11月は「プラス面」に正位置の棒の女王、何かを育てることがプラスになります。「マイナス面」に逆位置の剣の2、バランスを崩さないように注意しましょう。「討論」に正位置の戦車、大アルカナです。勝負に勝つでしょう。「解決」に正位置の棒の王、情熱があります。話を受け流さずに積極的に介入することで問題が解決します。「総合」に逆位置の聖杯の小姓のカードが出ました。やる気が失われます。

2月はハイレベルな雰囲気が漂う

12月は「プラス面」に正位置の剣の騎士、勢いが出ます。絶え間なく要求を出し続けると実現するかもしれません。「マイナス面」に正位置の聖杯の7、本当に必要なものがまだ分からないので優柔不断になります。「討論」に逆位置の聖杯の2、コミュニケーション不足です。口を利きたくない人がいて障害になるかもしれません。「解決」に逆位置の棒の8、勘違いに注意しましょう。「総合」に逆位置の聖杯の女王のカードが出ました。ひねくれた面が出そうなので、素直な自分をイメージすると悪化を防ぐことができます。聖杯が3枚出ました。感情的になりやすいのかも。年末ですが金貨が1枚もないので経済面の心配はなさそうです。1月は「プラス面」に正位置の棒の9、肉体を使って自分のテリトリーを守ります。「マイナス面」に正位置の剣の10、終了します。背中に注意しましょう。「討論」に逆位置の月、大アルカナです。不安が表情に出て薄気味悪い印象を与えます。「解決」に正位置の金貨の6、善意の行為が相手の心を動かすでしょう。「総合」に逆位置の金貨の4のカードが出ました。全く無駄遣いをしないでしょう。自分の物を必死に守ります。2月は「プラス面」に逆位置の剣の王、相手を信じていません。立場が強いので嫌な言い方をするかも。「マイナス面」に正位置の塔、大アルカナです。突然の出来事に驚くかもしれません。「討論」に正位置の星、大アルカナです。才能を発揮して美しく輝きます。「解決」に逆位置の金貨の王、拒まれると危険な面が出ます。「総合」に逆位置の聖杯の9のカードが出ました。虚栄心との闘いになるかも。大アルカナと王が2枚。ハイレベルな雰囲気です。

10月
生まれの
運勢

感情的に複雑なものが隠れている危険性

「プラス面」は正位置の棒の4、安定しています。慌てる場面はないでしょう。「マイナス面」は正位置の剣の10、終了します。背中に注意しましょう。終わるとマイナスなので終わりそうになったら時間稼ぎする必要があります。完全に終了させない方がいいようです。「討論」は正位置の金貨の9、明るい未来が待っています。心のよりどころは現金です。人付き合いに費用がかかっても困ることはありません。1人で楽しむこともできます。「解決」は正位置の審判、大アルカナです。脱出できます。待ち望んでいた状態になり復活します。人に支配されなくなります。現状に不満があるときは朗報が入るでしょう。関係を終わらせるとマイナスと出ています。自分から働きかけても相手は動きませんが、大アルカナが効力を発揮すると考えていなかったことまで一切合切、変わるかもしれません。「総合」は逆位置の恋人のカードが出ました。大アルカナです。気持ちを抑えましょう。助け合う関係になるはずの相手を悪く捉えます。マイナスの「終了させない方がいい」という動きと解決の「脱出」が関係しているのかも。一時的に矛盾を感じ、否定的な感情を一番親しい相手にぶつけてしまうのかもしれません。人を巻き込まないようにストレスを発散する方法を考えて、親しい人といつも一緒にいる状態を改め、少し距離を置いた方がいいかもしれません。逆位置の恋人以外は全て正位置で悪い要素はないのです。総合だけが逆位置で謎といいますか、もしかして感情的に複雑なものが隠れているのかもしれません。

月の満ち欠けを意識すると楽しくなる

「プラス面」は正位置の金貨の騎士、金銭問題が終わります。身軽になるでしょう。計画を立てるときに予算の心配はないようです。「マイナス面」は逆位置の棒の2、待たずに自分から行動します。行動力がマイナスに働くようなので無駄な動きに注意しましょう。「討論」は逆位置の聖杯の5、孤独の時期は終わります。立ち上がろうとします。「解決」は正位置の法王、大アルカナです。伝統と格式を重んじると守ってもらえます。「総合」は正位置の月のカードが出ました。大アルカナです。重要なことが明らかにされません。自分の時間を失わずに済むのかも。剣が1枚も出ませんでした。身の危険はないようです。楽しみを邪魔されることはないでしょう。金銭問題が片付くことと孤独の時期が終わり立ち上がることが連動しているようです。権威のある人が動くタイミングを知らせてくれるかもしれません。総合の月はどういう意味でしょうか。法王は精神的に守ってくれる存在ですが、あなたは法王の力を絶対視していません。ビジネス上、相手に話を合わせて利益を受けようとしますが、本当は信じていないのです。重要なことは明かされないと分かっているから信じられないのでしょう。楽しみにすると良いこととしては金銭問題の終わりを待つことくらいです。または重要なことが明かされないので巻き込まれずに済むと考えることもできます。それで自分の時間を失わずに済みます。自分から動くことがマイナスなら月の満ち欠けを意識すると楽かもしれません。新月でリセット、満月で達成というリズムに身を任せましょう。楽しみは満月のたびに定期的に訪れます。

問題に発展しそうな金銭的要素があるかも

「プラス面」は正位置の隠者、大アルカナです。良い知恵を得ます。年上の人に意見を聞くといいでしょう。「マイナス面」は正位置の聖杯の4、一休みしたくなったとき休まない方がいいかもしれません。一休みすると、もう起き上がりたくない気分になります。約束があるときは注意しましょう。「討論」は逆位置の正義、大アルカナです。判断に迷うことがあるかも。私情を挟まず客観的に。不正が行われ信じるとばかを見る危険性があります。「解決」は逆位置の剣の4、行動を再開します。ひつぎの上で手を合わせて寝ていた人が目を覚まします。身の危険を感じて寝ていられなくなります。「総合」は正位置の金貨の騎士のカードが出ました。金銭問題の始まりか終わりです。正位置の金貨の騎士は「楽しみにすると良いこと」のプラスにも出ました。プラスのときは金銭問題は終わるとしましたが、注意するべきことなので金銭問題の始まりです。問題に発展しそうな金銭的要素が潜在しているのかもしれません。貸し借りをしないことは自分でコントロールできるとして、家族や関係者の動きに巻き込まれると面倒です。討論の正義が逆位置なのが気になります。不正が行われるとしたら、相手をよく知らないことが致命傷になります。精神力を鍛えてリスクを負った状態に慣れるしかないでしょう。プラスに正位置の隠者がいるので専門知識を持った頼る人はいます。自分で判断しない方がいいようです。棒が1枚も出ていないので仕返しを考えるような事態には陥らないと思われます。こう言っては何ですが特に何も気にしなくていいのかもしれません。

負けて非難されるがプラスに転じる

「プラス面」は正位置の剣の5、敗北です。自分が犠牲になります。プラスなので嫌な役を買って出ましょう。負けて非難されるかもしれませんがプラスになります。「マイナス面」は正位置の死神、大アルカナです。過去を捨て去ることができます。しかし過去を捨てるとマイナスです。忘れたいことは忘れない方がいいです。恐らくあなたの価値観が変わります。「討論」は逆位置の聖杯の10、退屈かもしれませんが現状を維持しましょう。逆位置なので恵まれていることに気付かないようです。失って初めて分かるという事態にならないことを祈ります。「解決」は正位置の聖杯の6、素直な状態です。正位置の聖杯の6は子供時代の記憶と結び付いています。現在の生活は自分で築いたというよりも育った環境によるものでしょう。「総合」は正位置の剣の6のカードが出ました。旅立ちます。場所を離れるようです。剣と聖杯が2枚出ました。身の危険を感じるとしたら精神的な理由です。マイナスの死神が影響していると思われます。くだらないことを繰り返しているという否定的な気持ちや、意に沿わないことをやらされているといった被害妄想に支配されると現実逃避することが最大の喜びになります。敗北がプラスになるなど受け入れられないことがありそうですが、小旅行に出かける程度で爆発せずに済むのかもしれません。「注意するべきこと」に引き続き、棒が1枚も出ていないので欲がなく淡々としています。敵は自分の内面であり、心がけると良いことも特にないでしょう。—

4月は大きな変化があるかもしれない

3月は「プラス面」に逆位置の金貨の6、偉そうな態度にならないように注意しましょう。「マイナス面」に逆位置の金貨の8、浮足立っています。準備が中途半端になりそうです。プラスもマイナスも金貨なので計算を間違えやすいのかも。「討論」に正位置の棒の8、移動することを検討しましょう。環境が変わります。引っ越しする可能性があります。「解決」に正位置の剛毅、大アルカナです。勇気があります。何でもやろうとします。自分より力のある相手を恐れません。向かっていきます。「総合」に逆位置の聖杯の10のカードが出ました。退屈かもしれません。自分の力を持て余してしまうのかも。4月は「プラス面」に正位置の棒の7、騒動に対処することになるかもしれません。有利なポジションを失わないでしょう。「マイナス面」に正位置の戦車、大アルカナです。勝負に勝つでしょう。「討論」に正位置の死神、大アルカナです。過去を捨て去るのかもしれません。「解決」に逆位置の剣の8、恐る恐る踏み出します。「総合」に逆位置の星のカードが出ました。大アルカナです。計画性が失われます。過去を捨てることにより予定とは違う方向に進むのかも。大アルカナが3枚出ました。大きな変化があるでしょう。5月は「プラス面」に正位置の聖杯の2、人とのコミュニケーションが楽しくなります。「マイナス面」に逆位置の女司祭長、人アルカナです。うぬぼれが強くなるので注意しましょう。「討論」に正位置の棒の騎士、新しい冒険が始まります。思いがけない助っ人が現れるかもしれません。「解決」に正位置の棒の5、議論になります。「総合」に逆位置の金貨の小姓のカードが出ました。浪費します。

7月の反動で8月に金銭関係に動き

6月は「プラス面」に正位置の太陽、大アルカナです。考えが実現します。「マイナス面」に逆位置の金貨の2、変化に対応することができます。マイナスなのでそんなに頑張らなくてもいいのか。「討論」に逆位置の剣の3、何かが心に突き刺さります。けんか別れするのは得策ではありません。「解決」に正位置の聖杯の9、満ち足りています。めでたいことがあって終始顔が緩みっ放しになります。「総合」に逆位置の剣の7のカードが出ました。当てが外れます。自分は努力しているのにという思いがあるのかもしれません。

7月は「プラス面」に正位置の剣の9、悲しいことがあるかも。しかしあなたにとってはプラスです。「マイナス面」に正位置の節制、大アルカナです。無理することがなくバランスが取れていますがマイナスです。悲しいことはプラスで混乱するかもしれません。「討論」に正位置の聖杯の6、素直な状態です。子供の頃の記憶が心の支えになります。「解決」に正位置の聖杯の小姓、感情が激しくなります。「総合」に逆位置の剣の5のカードが出ました。敗北です。金貨は出ていないので金銭問題は起きません。8月は「プラス面」に逆位置の世界、大アルカナです。完璧を目指しますが邪魔が入るかもしれません。「マイナス面」に逆位置の金貨の5、費用を負担することになりそうです。「討論」に正位置の金貨の4、けちくさいと思われても気にしません。「解決」に逆位置の金貨のエース、仕事に対する不満が生じるようです。「総合」に正位置の聖杯の王のカードが出ました。きちんと責任を取ることができます。7月の反動か8月は金貨が3枚出ました。経済面に動きがあります。

警戒心が強いが心配しなくても大丈夫

9月は「プラス面」に正位置の聖杯の騎士、楽しみを知ることができます。「マイナス面」に逆位置の棒の9、必要以上に警戒しています。獲得したものを失わないように防衛しますがマイナスなので心配しなくても大丈夫でしょう。「討論」に正位置の塔、大アルカナです。突然の出来事に驚くかもしれません。「解決」に逆位置の金貨の10、日常に変化が少なく退屈になるでしょう。「総合」に正位置の剣の2のカードが出ました。平和な状態になります。討論が大アルカナですが悪い影響は残らないようです。10月は「プラス面」に逆位置の聖杯のエース、本心を隠して言いません。「マイナス面」に逆位置の棒のエース、冒険が困難に直面します。「討論」に逆位置の棒の女王、敵対する相手に対して情け容赦ない態度で接します。「解決」に逆位置の棒の10、プレッシャーを処理することができます。言いがかりをつけてくる人が消えて疲労が軽減します。「総合」に正位置の金貨の王のカードが出ました。怒りません。言いたくないことがあるようです。しかしプラスなのでそのままで。エースが2枚と女王と王で最初と最後がポイントで過程は重視されません。

11月は「プラス面」に逆位置の棒の6、上辺だけの関係です。「マイナス面」に逆位置の聖杯の8、物質を得ても心は満たされないかもしれません。「討論」に逆位置の愚者、大アルカナです。いつもふざけている人が真剣な顔つきをしているので何か起きる予感がします。「解決」に逆位置の剣の6、場の雰囲気が悪くなったら逃げることができます。「総合」に正位置の棒の王のカードが出ました。情熱があります。話を受け流さずに積極的に介入することで立場が良くなります。

大アルカナが3枚激動の12月になる

12月は「プラス面」に逆位置の聖杯の女王、ひねくれた面が出そうなので素直な自分をイメージすると悪化を防ぐことができます。「マイナス面」に逆位置の運命の輪、大アルカナです。後戻りします。運命の輪が動くので硬直状態が突然破られるのかも。しかも逆回転です。びっくりするでしょう。「討論」に逆位置の皇帝、大アルカナです。横暴で責任を放棄します。「解決」に正位置の悪魔、大アルカナです。威圧感があり相手を圧倒します。自信を持って臨めば相手が折れるでしょう。「総合」に正位置の剣の4のカードが出ました。一休みすることができます。

大アルカナが3枚です。激動の12月になりそうです。1月は「プラス面」に逆位置の金貨の7、アイデアがひらめきます。「マイナス面」に逆位置の剣の王、相手を信じていません。立場は強いので嫌な言い方をするかも。「討論」に正位置のつるされた男、大アルカナです。苦しいかもしれませんが耐える価値があります。「解決」に正位置の聖杯の3、グループで楽しむでしょう。「総合」に逆位置の魔術師のカードが出ました。大アルカナです。才能と力がありますが集中できません。身の回りの整理をしましょう。2月は「プラス面」に逆位置の剣の女王、信頼できません。裏切られる危険性があります。「マイナス面」に逆位置の金貨の女王、疑いを持っています。「討論」に逆位置の剣の小姓、うそがばれます。できるだけうそはつかない方が。「解決」に正位置の剣のエース、勝利に向けて意気込んでいます。「総合」に正位置の棒の3のカードが出ました。未来に期待することができます。

11月
生まれの
運勢

高級品を好きなだけ買って満足できる

「プラス面」は正位置の聖杯の7、本当に必要なものがまだ分からないので優柔不断になります。目の前にいろいろと楽しいことが並んでいてあなたを誘惑してきます。プラスなので本気で困ることはないのかも。ぜいたくな悩みといったところでしょう。「マイナス面」は逆位置の金貨の3、意見が対立します。対立しない方が無難です。相手に合わせましょう。欲しい物をめぐってライバルと争うのかも。金貨なので買い物関係です。相場よりも高い金額で買ってしまう危険性があります。「討論」は正位置の女帝、大アルカナです。豊かな恵みがもたらされます。対立して、女帝が現れたということは争いに勝つということです。高級品を好きなだけ買って満足することができるでしょう。目の前にある楽しみを全部体験できる時間があり、費用を気にすることもありません。「解決」は逆位置の剣の騎士、問題に対処する準備ができます。問題が生じるようです。剣なので身の危険を感じます。事前に準備できるので臨戦態勢で待ち構えます。「総合」は逆位置の棒の小姓のカードが出ました。悪い知らせがあるかもしれません。棒なので体調を整えましょう。解決が剣の騎士で問題に対処しようとしているので体を使った仕返しがあるかもしれません。討論が女帝なので、のし上がる過程で人の恨みを買ったか、総合の棒の小姓が逆位置なので逆恨みの可能性があります。とはいえ聖杯、金貨、大アルカナ、剣、棒と全て1枚ずつバランス良く出ています。欠けて弱点になる部分がありません。何かされてもかすり傷程度か気付かないレベルでしょう。

太陽が出ているとき大抵のことは実現する

「プラス面」は正位置の剣の2、平和な状態になります。「マイナス面」は正位置の聖杯のエース、優しさにあふれています。「討論」は正位置の棒の6、勝者になります。やることをやってすっきりとした気分で過ごせます。「解決」は正位置の聖杯の3、グループで楽しむでしょう。「総合」は正位置の太陽のカードが出ました。大アルカナです。考えが実現します。非常に良い状態です。危険な要素が全くありません。聖杯が2枚で精神面の良さが全体の雰囲気に影響しています。金貨が1枚もないので経済的にはプラスもマイナスもないでしょう。平和で勝負する気配がなく、やることをやったということは、もうリスクを取らず第一線から外れるという意味かもしれません。恐れや緊張感はなくなります。楽しみにすると良いことは聖杯が2枚なので人とのコミュニケーション、恋愛関係です。聖杯のエースと正位置の太陽は恋愛の始まりと成就を意味します。危険性がなく穏やかな関係を築くことができると思いますが討論が棒なので、ライバルに勝って相手を振り向かせるという目覚ましい活躍をみせるのかもしれません。解決が聖杯の3でグループが登場するので、複数の相手と個人的に楽しむチャンスがありそうです。そうなると遊興費が心配になりますが金貨が1枚もないので、費用のかからない相手と遊ぶことが多いでしょう。総合が正位置の太陽なので楽しみは夜ではないようです。昼間、太陽が出ているときエネルギーが集中して大抵のことは実現します。トラブルのない健全な関係を維持することができるでしょう。

金銭的要求をしてきた相手をだますかも

「プラス面」は正位置の法王、大アルカナです。伝統と格式を重んじると守ってもらえます。「マイナス面」は逆位置の棒のエース、冒険が困難に直面します。「討論」は逆位置の金貨の女王、疑いを持っています。「解決」は逆位置の金貨の2、変化に対応することができます。「総合」は正位置の審判のカードが出ました。大アルカナです。脱出できます。待ち望んでいた状態になり復活します。人に支配されなくなります。剣と聖杯が1枚も出ませんでした。身の危険を感じることはありません。感情的になって問題を起こすこともないでしょう。法王という頼る人がいるので安心です。マイナスの逆位置の棒のエースが気になります。冒険に出ると開始早々に何かあるかもしれません。討論の金貨の女王が逆位置なので女王の金銭的要求によって力を奪われる危険性があります。しかし、解決でまた金貨が逆位置です。あなたは器用に対応し黙って従わず、女王をだまそうとするのかも。それで疑われるのか、最初から疑われているのか。総合で大アルカナの審判が正位置なので、首尾よく脱出できます。女王に負けることはないでしょう。従って、注意するべきことは主に金銭的要求ですが、器用なので自分に疑いを持つ女王を何とかしたいと思うかも。しかし、聖杯が1枚も出ていないので自分の気持ちも、女王の気持ちもコントロールすることは難しいでしょう。総合の審判で生き返ることが分かっています。別に頑張らなくてもうまくいくでしょう。やはり剣が1枚も出ていないので、女王はだまされたと思っても、あなたに害を与えることはありません。プラスの法王が守ってくれます。

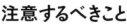

プラスとマイナスが極端だが良い出会いが

「プラス面」は正位置の女司祭長、大アルカナです。知恵を授かります。飾り立てずシンプルな美しさを追求するでしょう。「マイナス面」は正位置の愚者、大アルカナです。夢を見ている状態です。「討論」は正位置の聖杯の4、一休みした方がいいかもしれません。「解決」は正位置の聖杯の8、満足できず立ち去ります。「総合」は正位置の聖杯の2のカードが出ました。人とのコミュニケーションが楽しくなります。プラスが女司祭長です。理知的で誰よりも頭が良いときと、マイナスが愚者で、非道徳的なことを平気でやるときがあるようです。プラスとマイナスが大アルカナです。非常に極端な二面性が感じられます。心がけると良いこととしては、自分には非常識なところがあると自覚して、社会のルールに従うことを意識した方がいいのでは。討論で正位置の聖杯の4なので、休んだ方がいいということは疲れているのかも。疲れの種類は棒なら肉体ですが、聖杯なので精神的なものです。解決で、また聖杯が出ました。疲れは取れないようです。そして立ち去ります。極端な二面性があるので持久力がなく諦めやすいのかもしれません。総合は聖杯の2です。向かい合った男女が描かれています。これは新しい恋愛の始まりです。良い出会いに期待できます。あなたの極端な二面性に魅力を感じる人は少なくないと思います。金貨、棒、剣は1枚も出ませんでした。金を求めて決断したり、実行したりということはないかも。聖杯が3枚で楽しいこと中心に過ごせるでしょう。

いろいろなことがあるが孤軍奮闘する

3月は「プラス面」に逆位置の剣の王、相手を信じていません。立場は強いので嫌な言い方をするかも。「マイナス面」に正位置の金貨の5、金欠です。費用を負担することになりそうです。「討論」に正位置の棒の女王、何かを育てることを提案すると良いかもしれません。「解決」に逆位置の金貨の6、偉そうな態度にならないように注意しましょう。「総合」に正位置の棒の8のカードが出ました。移動することを検討しましょう。聖杯が1枚も出ませんでした。感情が動くことはないようです。

4月は「プラス面」に正位置の皇帝、大アルカナです。圧倒的な権力を持つでしょう。「マイナス面」に正位置の剣の4、一休みすることができます。「討論」に正位置の世界、大アルカナです。完成します。「解決」に正位置の正義、大アルカナです。信用できない人と行動することになっても判断力を持ち自分を見失うことはないでしょう。「総合」に逆位置の恋人のカードが出ました。大アルカナです。気持ちを抑えた方がいいかもしれません。大アルカナが4枚出ました。いろいろなことがあり過ぎてわけが分からなくなるかも。

5月は「プラス面」に逆位置の金貨の5、金欠です。お金がないふりをするとプラスに働きます。「マイナス面」に逆位置の運命の輪、大アルカナです。後戻りします。「討論」に逆位置の隠者、耳をふさいで人の話を聞きません。「解決」に正位置の剣のエース、勝利に向けて意気込んでいます。「総合」に逆位置の剣の6のカードが出ました。場の雰囲気が悪くなったら逃げることができます。解決の剣のエース以外、全て逆位置です。孤軍奮闘する姿が想像されます。

勝っても大盤振る舞いしない方がいい

6月は「プラス面」に逆位置の剣の8、恐る恐る踏み出します。慎重に行動して助かったという場面があるかも。敵に遭遇しません。「マイナス面」に正位置の女帝、大アルカナです。豊かな恵みがもたらされます。パワーがあります。やり過ぎに注意しましょう。「討論」に逆位置の剣の7、当てが外れます。「解決」に逆位置の聖杯の女王、ひねくれた面が出そうなので、素直な自分をイメージすると悪化を防ぐことができます。「総合」に正位置の節制のカードが出ました。大アルカナです。無理することがなく礼儀正しい状態です。

当てが外れて自暴自棄になったとしても一時的なもので、きちんとした生活に戻ります。7月は「プラス面」に逆位置の棒の3、思い上がっています。強気な面が魅力になります。「マイナス面」に正位置の死神、大アルカナです。過去を捨て去ることができます。「討論」に逆位置の金貨の3、意見が対立します。「解決」に正位置の聖杯の9、満ち足りています。めでたいことがあって終始顔が緩みっ放しになります。「総合」に正位置の棒の王のカードが出ました。情熱があります。話を受け流さずに積極的に介入することで立場が

良くなります。8月は「プラス面」に正位置の剣の3、別れがあるかもしれません。「マイナス面」に逆位置の金貨の王、拒まれると危険な面が出ます。「討論」に正位置の戦車、大アルカナです。勝負に勝つでしょう。「解決」に正位置の聖杯の10、平和な状態です。「総合」に逆位置の剣の5のカードが出ました。敗北です。勝負に勝って平和が訪れますが総合で敗北です。勝っても大盤振る舞いしない方がいいでしょう。

苦しいかもしれないが耐える価値がある

9月は「プラス面」に正位置の魔術師、大アルカナです。簡単に新しい物を作り出すことができます。「マイナス面」に正位置の聖杯の騎士、楽しみを知ることができます。「討論」に正位置のつるされた男、大アルカナです。苦しいかもしれませんが耐える価値があります。「解決」に正位置の棒の5、議論になります。「総合」に正位置の剛毅のカードが出ました。大アルカナです。勇気があります。何でもやろうとします。大アルカナが3枚出ました。見えない力に動かされているような気がするかもしれません。10月は「プラス面」に逆位置の聖杯の6、おだてられます。良い人を演じるとプラスになります。「マイナス面」に逆位置の聖杯の5、孤独の時期は終わります。立ち上がろうとします。「討論」に正位置の聖杯の王、きちんと責任を取ることができます。「解決」に逆位置の金貨の7、アイデアがひらめきます。「総合」に逆位置の星のカードが出ました。大アルカナです。計画性が失われます。聖杯が3枚出ました。感情的になりやすいでしょう。棒と剣が1枚も出ませんでした。仕返しも身の危険もありません。11月は「プラス面」に逆位置の剣の騎士、問題に対処する準備ができます。「マイナス面」に正位置の剣の9、悲しいことがあるかもしれません。「討論」に正位置の金貨の騎士、金銭問題の始まりか終わりです。「解決」に逆位置の金貨のエース、仕事に対する不満が生じるようです。「総合」に正位置の悪魔のカードが出ました。大アルカナです。威圧感があり相手を圧倒します。自信を持って臨めば相手が折れるでしょう。

経済力があり明るい未来が待っている

12月は「プラス面」に正位置の金貨の9、明るい未来が待っています。「マイナス面」に逆位置の剣の小姓、うそがばれます。できるだけうそはつかない方が。「討論」に正位置の金貨の10、富を手に入れて成功するでしょう。「解決」に正位置の塔、大アルカナです。突然の出来事に驚くかもしれません。「総合」に正位置の棒の4のカードが出ました。安定しています。何かありそうですが金の力で何もなかったことにできます。1月は「プラス面」に逆位置の金貨の小姓、浪費には意味がありプラスに働くもよう。「マイナス面」に正位置の剣の10、終了しない方がいいのかも。背中に注意しましょう。「討論」に逆位置の棒の2、待たずに自分から行動します。「解決」に逆位置の金貨の4、全く無駄遣いをしないでしょう。「総合」に逆位置の剣の女王のカードが出ました。信頼できません。裏切られる危険性があります。聖杯が1枚も出ませんでした。心は動かず情が湧きません。機械的に対処します。2月は「プラス面」に正位置の棒の騎士、新しい冒険が始まります。思いがけない助っ人が現れるかもしれません。「マイナス面」に逆位置の棒の9、必要以上に警戒しています。獲得したものを失わないように防衛します。「討論」に逆位置の棒の小姓、悪い知らせがあるかもしれません。心の準備をしましょう。「解決」に正位置の聖杯の7、本当に必要なものがまだ分からないので優柔不断になります。「総合」に逆位置の聖杯の小姓のカードが出ました。やる気が失われます。棒が3枚出ました。仕返しを考えるかもしれません。

12月
生まれの
運勢

プレッシャーに負けず不安は消える

「プラス面」は逆位置の聖杯のエース、本心を隠して言いません。気持ちを表現しないことがプラスです。聖杯なので恋愛関係の可能性が高いでしょう。自分から好意を示さない方がいいようです。「マイナス面」は逆位置の節制、大アルカナです。気持ちを抑え込みます。自分を表現しないとマイナスに作用します。プラスと矛盾します。どうしたらいいのでしょうか。マイナスは大アルカナなので自分を抑え込む力の方が強力です。自分を表現するのは相当なエネルギーが必要なのかも。自分の気持ちを相手に伝えなければ現状維持で秩序は乱れないと分かっています。にもかかわらず気持ちを表現しないとマイナスということは両思いなのかも。「討論」は正位置の棒の3、未来に期待することができます。今より未来の方が良さそうです。餌となる情報などをばらまいて様子をみましょう。何かが釣れます。「解決」は正位置の月、大アルカナです。重要なことが明らかにされません。期待していたことは不安に変わるようです。刻々と変化して一定ではありません。本心を隠すことがプラスなので、たとえ両思いだとしても周囲に知られない方がいいのかも。自分のことを人に話さない方がいいでしょう。「総合」は逆位置の棒の10のカードが出ました。プレッシャーを処理することができます。月と逆位置の棒の10の組み合わせは、非常に分かりやすく単純明快で不安が消えます。自分自身が責任を負う必要がなくなります。何の心配もないでしょう。金貨と剣が出ませんでした。金銭関係に動きはなく、身の危険を感じることはないでしょう。

楽しみにすると良いこと

一度諦めたことに再挑戦したくなる

「プラス面」は正位置の棒の騎士、新しい冒険が始まります。思いがけない助っ人が現れるかもしれません。「マイナス面」は正位置の塔、大アルカナです。突然の出来事に驚きます。高層ビルに行かない方が。計画に障害が発生する危険性があります。計画を立てなければダメージを受けません。「討論」は逆位置の棒の王、過ちに厳格になります。ということはマイナスの正位置の塔のショックの原因は自分の過ちかも。なぜ過ちを犯すのでしょうか。対策していないのでしょうか。判断力がない、時間がない、過信しているなど条件が悪いときは運

に挑戦しない方がいいでしょう。しかし仕返しが楽しみなので恋愛どころではないでしょう。仕返しに行くことが楽しみになる可能性があります。一度諦めたことに再挑戦したくなるのかもしれません。「解決」は逆位置の剣の3、何かが心に突き刺さります。身の危険を感じます。心臓に注意しましょう。体を張って問題を解決するという意味です。再挑戦する場合は体を鍛えましょう。心臓に負担を感じるような場合は決行しないことをお勧めします。「総合」は正位置の聖杯の女王のカードが出ました。相手に尽くします。恐らく思いがけない助

っ人に恋愛感情を抱くのかもしれません。しかし仕返しが楽しみなので恋愛どころではないでしょう。助っ人が力を発揮してくれるよう、お膳立てすると信頼関係を築くことができます。金貨が1枚も出ませんでした。楽しみにすることに費用はかからないようです。当初は冒険が目的かもしれませんが総合が聖杯なので意外と恋愛中心の展開になるかもしれません。──

素直な状態で注意するべきことはない

「プラス面」は逆位置の隠者、大アルカナです。耳をふさいで人の話を聞きません。うるさい人が周りにいるのかもしれません。隠者なので惑わされないでしょう。「マイナス面」は正位置の剣の9、悲しいことがあるかもしれません。9の段階なので何もしなくても終わります。抵抗しようとは思わないでしょう。しかし小アルカナなので自分で何とかできるかも。プラスの逆位置の隠者が頑張れば悪い影響を受けない可能性もあります。「討論」は正位置の金貨の4、けちくさいと思われても気にしません。自分が所有する物をしっかりとつかんで放しません。サービス精神を求められても無視するでしょう。「解決」は逆位置の剛毅、大アルカナです。力不足です。実力以上の力が出てしまい虚勢を張ってしまうかも。われを忘れないようにしましょう。プラスの逆位置の隠者、討論の正位置の金貨の4で慎重な生活態度だと思われますが、一転して解決では逆位置の剛毅、力不足です。考えられることは経済力を自慢してしまうとか。おだてに注意しましょう。近づいてくる人は金が目的だと思った方がいいでしょう。「総合」は正位置の聖杯の6のカードが出ました。

素直な状態です。懸念するようなことは何も起きないかも。特に注意するべきことはないでしょう。棒が1枚も出ませんでした。健康状態は現状維持だと思われますが解決の剛毅が逆位置なので、ストレートに力を発揮できません。妨害になる物に心当たりがあれば取り除いてください。総合の正位置の聖杯の6は子供時代の自分と関係があります。何となく思い出すと優しい気持ちに包まれます。——

心がけると良いこと

自分の身を守ることを心がけよう

「プラス面」は正位置の棒の10、やり過ぎます。やり過ぎと思われないようにしましょう。大きなエネルギーを秘めていることを自覚しましょう。恋愛では自分が思っている以上に影響力を持っています。「総合」は逆位置の正義のカードが出ました。大アルカナで身の危険を感じることがあります。剣が2枚なので身を守ることを心がけましょう。

もしれません。親しい人を巻き込まない方がいいようです。解決の逆位置の恋人と関係があるのかも。討論して正位置の剣の6で旅立ちます。それによって恋人との関係が正しくない方向へ進む危険性があります。総合で逆位置の正義なので恋人に正直に言わずに計画を進めたいのかも。剣が2枚なので身の危険を感じることがあります。

「マイナス面」は逆位置の剣の4、行動を再開します。しかしマイナスなのでまだ動かない方がいいのかも。「討論」は正位置の剣の6、旅立ちます。

「プラス面」は正位置の棒の10、やり過ぎます。やり過ぎと思われても、遠慮せずに出しゃばった方がいいでしょう。やればやるほどプラスになります。「マイナス面」は逆位置の剣の4、行動を再開します。しかしマイナスなのでまだ動かない方がいいのかも。「討論」は正位置の剣の6、旅立ちます。

場所を離れます。どうしても動き出したいようです。道場破りのような存在となり、周りに相手になる人がおらず、今の環境では満足することができないのかも。「解決」は逆位置の恋人、大アルカナです。気持ちを抑えた方がいいか

が出ます。判断に迷うことがあるかもしれません。私情を挟まず客観的に考えましょう。やり過ぎることがプラスなので、かなり積極的です。やりたいことがいろいろと出てきます。しかしマイナスが逆位置の剣の4の行動再開なので、勢いがあるからといって強引に進

す。厳しさがなく、いい加減な面があります。「総合」は逆位置の正義のカードが出ました。大アルカナで身の危険を感じることがあります。剣が2枚なので身を守ることを心がけましょう。金貨が1枚も出ませんでした。経済的な動きは特になさそうです。

開始時は大変だが軌道に乗れば心配ない

3月は「プラス面」に逆位置の聖杯の3、グループで楽しむでしょう。「マイナス面」に正位置の剣の2、平和な状態になります。活躍する場面があまりなく動きがないと不満を感じるのかも。「討論」に正位置の法王、大アルカナです。伝統と格式を重んじると守ってもらえます。「解決」に正位置の聖杯の8、満足できず立ち去ります。自分から平和な環境を捨てるようです。するとどうなるでしょうか。「総合」に逆位置の棒のエースのカードが出ました。冒険が困難に直面します。3月は楽しいことだけ考えて冒険しない方がいいかも。4月は「プラス面」に逆位置の金貨の女王、疑いを持っています。「マイナス面」に正位置の剣の5、敗北です。自分が犠牲になります。「討論」に逆位置の聖杯の10、退屈かもしれませんがプラスの部分があるので現状を維持しましょう。「解決」に逆位置の金貨の5、費用を負担することになりそうです。「総合」に逆位置の金貨の7のカードが出ました。アイデアがひらめきます。5月は「プラス面」に正位置の棒の5、議論になります。「マイナス面」に逆位置の金貨のエース、仕事の不満が生じます。我慢して相手の意見を受け入れることになるかも。「討論」に正位置の棒の小姓、良い知らせがあるかもしれません。「解決」に逆位置の聖杯の7、妄想が激しくなります。いろいろと考えることが解決につながります。「総合」に逆位置の剣のエースのカードが出ました。強制されて行動を開始します。無理は禁物です。逆位置のエースが2枚出ました。行動を開始するときは順調ではないようですが、棒、金貨、剣、聖杯とバランスが取れ、大アルカナは出ていません。軌道に乗れば心配ないでしょう。——

8月は興奮状態で気付いたら終わっている

6月は「プラス面」に正位置の金貨の騎士、金銭問題の始まりか終わりです。「マイナス面」に逆位置の棒の女王、敵対する相手に対して情け容赦ない態度で接します。「討論」に逆位置の皇帝、大アルカナです。横暴で責任を放棄します。「解決」に逆位置の金貨の2、変化に対応することができます。「総合」に正位置の棒の6のカードが出ました。勝者になります。解決でバランスを崩しているので辛勝かもしれませんが逆位置の棒の女王と逆位置の皇帝でネガティブな印象です。金銭関係を警戒してください。7月は「プラス面」に正位置の金貨の10、富を手に入れて成功するでしょう。「マイナス面」に正位置の棒の9、肉体を使って自分のテリトリーを守ります。「討論」に正位置の星、大アルカナです。才能を発揮して美しく輝きます。テリトリーを守るとマイナスなので、守りにエネルギー使うよりも自分の才能を磨きましょう。「解決」に正位置の剣の騎士、勢いが出ます。絶え間なく要求を出し続けると実現するかもしれません。「総合」に逆位置の剣の9のカードが出ました。悲しみが終わって、その後どうするかを話し合うような場面がありそうです。8月は「プラス面」に正位置の死神、大アルカナです。過去を捨て去ることができます。「マイナス面」に正位置の女司祭長、大アルカナです。知恵を授かります。自慢しないように注意。「討論」に正位置の愚者、大アルカナです。夢を見ている状態です。「解決」に正位置の聖杯の4、一休みするといいかもしれません。「総合」に正位置の棒の7のカードが出ました。騒動に対処することになります。有利なポジションを失わないように注意。大アルカナが3枚出ました。8月は興奮状態です。

恋愛は金銭とセットだと割り切ればいい

9月は「プラス面」に正位置の聖杯の騎士、楽しみを知ることができます。「マイナス面」に逆位置のつるされた男、大アルカナです。方向が違うようです。「討論」に正位置の聖杯の5、孤独を感じる瞬間が。同じ意見の人を見つけましょう。「解決」に逆位置の聖杯の王、ずる賢い面が出ます。聖杯なので恋愛関係が考えられます。別れた後も会うのかも。なぜでしょうか。「総合」に逆位置の金貨の6のカードが出ました。偉そうな態度にならないように注意。聖杯が3枚と金貨が1枚出ました。恋愛は金銭とセットです。10月は「プラス面」に正位置の棒の8、移動するとプラスに働きます。「マイナス面」に逆位置の金貨の3、意見が対立します。「討論」に正位置の聖杯の9、満ち足りています。めでたいことがあって終始顔が緩みっ放しになります。「解決」に正位置の聖杯の小姓、感情が激しくなります。「総合」に逆位置の太陽のカードが出ました。大アルカナです。成長が止まります。「解決」には激しい感情が伴うようなので子供っぽさがでるようです。11月は「プラス面」に正位置の審判、大アルカナです。脱出できます。待ち望んでいた状態になり復活します。人に支配されなくなります。「マイナス面」に逆位置の剣の小姓、うそがばれます。できるだけうそをつかずに。「討論」に逆位置の聖杯の2、コミュニケーション不足です。口を利きたくない人がいて障害になるかもしれません。「解決」に正位置の悪魔、大アルカナです。威圧感があり相手を圧倒します。自信を持って臨めば相手が折れるでしょう。「総合」に逆位置の剣の7のカードが出ました。当てが外れます。派手にやらない方がいいかもしれません。

安定しているので金銭感覚がずれてくる

12月は「プラス面」に正位置の棒の4、安定しています。「マイナス面」に逆位置の金貨の小姓、浪費します。安定しているので金銭感覚がずれてくるのかもしれません。「討論」に正位置の金貨の9、明るい未来が待っています。浪費してもダメージはありません。「解決」に逆位置の棒の2、待たずに自分から行動します。「総合」に逆位置の剣の8のカードが出ました。恐る恐る踏み出します。聖杯が1枚も出ませんでした。感情の動きはないようです。1月は「プラス面」に正位置の女帝、大アルカナです。豊かな恵みがもたらされます。「マイナス面」に逆位置の金貨の王、拒まれると危険な面が出ます。金銭面に関して自分をコントロールできないかも。「討論」に正位置の戦車、大アルカナです。勝負に勝つでしょう。「解決」に逆位置の剣の王、相手を信じていません。立場が強いので嫌な言い方をするかも。「総合」に逆位置の世界のカードが出ました。大アルカナです。完璧を目指しますが邪魔が入るかもしれません。2月は「プラス面」に逆位置の運命の輪、大アルカナです。後戻りします。「マイナス面」に正位置の月、大アルカナです。重要なことが明らかにされません。自分の時間を失わずに済むのかも。「討論」に正位置の金貨の8、真面目に修行します。技術を身に付けて自分の価値を上げることができます。「解決」に逆位置の剣の女王、信頼できません。裏切られる危険性があります。「総合」に正位置の魔術師のカードが出ました。大アルカナです。簡単に新しい物を作り出すことができます。

緇井鶏子 （しい けいこ）

1971年新潟県生まれ。国学院大学文学部哲学科卒業。初級システムアドミニストレータ。占いに興味はなかったがマックス・エルンストの「カルメル修道会に入ろうとしたある少女の夢」を見てタロットカードに開眼、独学する。2005年フリーペーパーにタロット占いの連載開始。現在の主戦場は新聞の「きょうの運勢」。会社員なので個人鑑定は滅多に行っていない。

※緇井鶏子さんの「きょうの運勢」は、株式会社共同通信社によって全国の地方紙に配信されています。

緇《し》井《い》鶏《けい》子《こ》が占う
あなたの未来 2024

2023年11月15日　第一刷発行

著者　緇井鶏子

ブックデザイン　清水佳子
編集　福永恵子（産業編集センター）

発行　株式会社産業編集センター
〒112-0011 東京都文京区千石4-39-17
TEL 03-5395-6133
FAX 03-5395-5320

印刷・製本　株式会社シナノパブリッシングプレス

ISBN978-4-86311-385-5　C0076